JN451136

AI와 사법 변화

AI문고

인공지능 시대입니다. 기계가 인간의 인지를 대신하고, 사물이 인간을 통하지 않고 다른 사물과 직접 커뮤니케이션합니다. 이에 따른 인간 삶과 문명 변화를 정확히 이해·예측·대응하는 것은 이 시대 우리 모두의 과제입니다. AI문고는 인공지능 기술과 환경의 여러 주제를 10가지 키워드로 정리합니다. 관련 개념과 이론, 학계와 산업계의 쟁점, 우리 일상의 변화를 다룹니다. 인간과 기술의 현재, 미래를 세심히 분석합니다.

일러두기

- 인명, 작품명, 저서명, 개념어 등은 한글과 함께 괄호 안에 해당 국가의 원어를 병기했습니다.
- 외래어 표기는 현행 어문규정의 외래어표기법을 따랐습니다.

처음이세요?

전문가세요?

지금, 큐알 찍으면

🎁 AI 입문서 바로 선물

📚 당신만의 필독서 추천

📖 500권 요약본 공짜

🎧 오디오북 무료 사용

AI와 사법 변화

우재욱

대한민국, 서울, 커뮤니케이션북스, 2025

AI와 사법 변화

지은이 우재욱
펴낸이 박영률

초판 1쇄 펴낸날 2025년 3월 4일

커뮤니케이션북스(주)
출판 등록 2007년 8월 17일 제313-2007-000166호
02880 서울시 성북구 성북로 5-11
전화(02) 7474 001, 팩스(02) 736 5047
commbooks@commbooks.com
www.commbooks.com

이 책은 커뮤니케이션북스(주)가 저작권자와 계약해 발행했습니다.
본사의 서면 허락 없이는 어떠한 형태나 수단으로도
이 책의 내용을 이용할 수 없음을 알려드립니다.

© 우재욱, 2025

ISBN 979-11-7307-718-0 03500

책값은 뒤표지에 표시되어 있습니다.

차례

이세돌의 장래 희망은 AI 개발자

알파고 충격

"다시 태어나면 바둑은 취미로 즐기고, 프로 기사 대신 AI를 만드는 일을 할 수도 있을 것 같다."

전(前) 프로 기사 이세돌 9단(2019년 은퇴)이 2024년 3월 15일 구글코리아와의 인터뷰에서 한 말이다(임정환, 2024).

우리에게 인공지능(artificial intelligence, AI)이란 존재를 각인시켜 준 '이벤트'(2016년 알파고-이세돌 바둑 대국)의 한쪽 당사자로서 당시 세계 최고 수준의 기사였던 이가 이런 말을 할 정도니, AI가 그간 우리 사회에 일으킨 파장의 크기가 사뭇 짐작된다.

우리 사회도 이제 AI 시대로 접어든 것 같다. 산업의 각 분야에 속속 AI가 도입되고 일상생활에도 AI가 조금씩 영향을 미쳐 가고 있다. 요즘 신문을 보면 경제지는 말할 것도 없고 종합 일간지에도 AI 기사가 실리지 않고 지나가는 날은 없는 것 같다.

그런데 흔히 사람들은 AI의 역사가 아주 최근에 시작되었다고 생각하는 것 같다. 그러나 이전에도 우리는 AI와 의식하든 의식하지 않든 가까이서 함께해 왔다. 단적으로 우리가 늘 휴대하는 스마트폰의 안면 인식, 화상 인식, 음성 인식 기능도 AI 기술인 까닭이다. AI는 60년 전 오늘날과 같은 컴퓨터가 처음 나올 때부터 쓰던 말이라고 한다(이어령, 2022). 공식적으로는 1956년 미국 다트머스대학교에서 열린 다트머스 회의(AI란 분야를 확립한 학술회의로 평가되고 있다) 때 존 매카시(John McCarthy, 1927~2011)가 제안한 용어로 알려져 있다. 매카시는 컴퓨터 과학 분야의 노벨상으로 불리는 튜링상을 받은 컴퓨터 과학자이자 인지 과학자다. 다트머스대학교 교수로 있을 때 위 다트머스 회의를 주최한 AI 분야의 개척자이며, AI의 아버지라고도 불린다.

빅뱅! 챗GPT의 등장

우리의 기억에 AI의 존재를 각인한 것이 알파고-이세돌 대국이었다면 AI에 대한 우리의 관심을 폭발시킨 빅뱅은 2022년 말 챗GPT(ChatGPT)의 출현이었다. 글로벌 AI 업체인 '오픈AI(OpenAI)'사가 개발한 생성형 AI 챗

GPT가 2022년 11월 30일 공개된 것이다. 여기서 '챗(chat)'은 '대화형'을 뜻하는데, 대화형에는 사람끼리 이야기하듯이 자연스럽게 입력한다는 것과 대화할 때 AI에게 단기 기억이 있다는 것의 두 가지 의미가 있다. G는 'generative'로서 '생성하는'이란 뜻인데 무언가를 만들어 낸다는 것이다. P는 'pre-trained'로서 '사전 학습한'을 뜻하며, 챗GPT는 3000억 개의 단어와 5조 개의 문서를 학습했다고 한다. T는 'transformer'로서 문자적으로는 '변환기'라는 뜻인데, 구글이 2017년 출시한 AI 모델 중 하나다. 주어진 문장을 보고 다음 단어가 무엇이 올지를 확률적으로 예측한다. 요즘 생성형 AI의 대다수가 사용할 정도로 효과적인 모델로 평가받고 있다.(박태웅, 2024; 하정우 · 한상기, 2023)

자연어(컴퓨터의 프로그래밍 언어와 구분하는 의미의 인간 언어)로 입력만 하면 사람이 만든 것처럼 자연스러운 텍스트, 이미지, 음악, 영상 등의 콘텐츠를 만들어 내놓는 챗GPT에 사람들은 열광했고 그 사용자가 공개 두 달 만에 1억 명을 돌파했다(박태웅, 2024; 하정우 · 한상기, 2023).

새로운 미디어가 나타났을 때 사람들이 그것이 불러올 효과를 바로 깨닫는 경우는 많지 않은데 챗GPT의 등장은 새로운 미디어가 나타나자마자 모든 사람이 그것이 가져다줄 위력을 느끼게 된 인류 역사상 첫 번째 사건으로 기록될지도 모르겠다고 평가한 견해도 있다(박태웅, 2024).

AI에 대한 디스토피아적 비관론

이러한 AI의 눈부신 발전에 비례해 AI에 대한 의구심, AI의 부작용에 대한 불안감과 두려움도－특히 일자리와 관련한－커지고 있다. 나아가 AI의 궁극적 발전이 결국 인류의 멸절을 가져올 것이란 디스토피아적 비관론도 만만치 않게 제기되고 있다. 이러한 비관론은 신기술이 나올 때마다 생기는 고정 레퍼토리 중 하나인 ○○ 위협론, ○○ 포비아 같은 것과는 분명히 구분되는 점이 있다.

그 대표적 예가 ≪와이어드(Weird)≫지 2000년 4월호에 실린 선 마이크로시스템스(Sun Micro-systems) 공동 창업자이자 미국 '정보 기술에 관한 대통령 자문 위원회' 공동 의장(빌 클린턴 대통령이 임명)을 역임한 빌 조이(Bill Joy, 1954∼)의 논문 "왜 세상은 우리를 필요로 하지 않는가(Why the future doesn't need us)"다. 이 논문은 AI의 기술적 진보로 가능해진 지능형 로봇과의 경쟁 때문에 인류가 멸종할 현실적 가능성에 직면해 있다고 주장하며 AI가 인류를 대신하는 암울한 미래에 대해 경고하고 있다. 즉, 오늘의 인간과는 전혀 다른 인조인간들이, 역시 우리가 잘 모르는 세상을 만들어 내는 미래가 온다는 것이다. 그 기술로 인간 자신이 아예 로봇이 되어 버리는, 인간이라는 것이 필요 없는 세상이 되어 버린다는 것이다. 그래서 아예 인류 멸망이 온다고 주장한다(이어령, 2022).

이와 관련하여 '싱귤래러티(singularity)'란 개념이 있다. 보통 '(기술적) 특이점'으로 번역한다. AI 같은 기술도 갑자기 어느 날 인간의 능력을 초월해 인간이 감당할 수 없는 상태로 비약하는데 그 지점이 싱귤래러티다. 인간의 모든 예측은 그 지점에서 끝난다. 그 싱귤래러티를 넘어서면 기술이 어떻게 변하며 그에 따라 인간이 어떻게 생활하게 될지를 누구도 예측할 수 없다. AI에서 싱귤래러티의 개념을 본격적으로 사용한 사람은 버너 빈지(Vernor Vinge, 1944~2024)다. 그는 1993년에 발표한 논문 "다가오는 기술적 특이점(Technological singularity)"에서 기술의 발달로 인해 30년 이내에 인류의 지능을 초월하는 AI가 출현하면서 인간의 시대가 종언을 고할 것이라고 예언했고, 문자 인식 기술을 처음 개발한

AI 학자이자 발명가인 레이먼드 커즈와일(Raymond Kurzweil, 1948~)은 자신의 저서 『특이점이 온다(The singularity is near)』에서 아예 싱귤래러티는 2045년이라고 못 박았다. 즉, 2045년 AI가 인간을 초월해, 우리가 상상할 수 없는 세계에 이른다는 것이다(이어령, 2022).

고 이어령(1933~2022) 교수도 2016년 알파고-이세돌 바둑 대국의 와중에 언론과 한 인터뷰에서 "AI가 스스로 AI를 만드는 특이점을 넘어설 때가 AI가 실질적으로 인간을 넘어서는 새로운 세상이 펼쳐지는 것"이라고 내다봤다(이영완 외, 2016).

그런데 특이점 등을 근거로 한 이런 비관론에 대해 조목조목 상세하게 반박한 글이 있어서 눈길을 끈다. 비판이 상세하고 예리해서, 좀 길지만 글의 일부를 그대로 인용해 보고자 한다.

> 특이점 현상 등을 거론하며 인공지능 알고리즘은 기존의 인간 세계 질서를 파괴하고, 인간을 지배할 위험성이 높으며, 그러한 조짐은 인공지능 알고리즘이 인간이 담당하던 직업을 대체하는 데서 극명하게 드러날 것이라고 믿는 사람이 늘고 있다. 법조 직역에서도 조만간 인공지능 알고리즘이 변호사를 대체하여 변호사가 대량 실직할 것이라든가, 심지

어 인공지능 알고리즘이 판사를 대체할 것이라는 전망까지 나오고 있는 상황이다. 현재 수준의 인공지능 알고리즘의 한계를 잘 알고, 개발 과정의 여러 가지 난점을 잘 아는 인공지능 개발자 대부분은 인공지능 알고리즘이 인간을 지배하는 상황 같은 것은 꿈도 꾸지 못할 것이라 단언하고 있다.

인공지능은 알고리즘에 불과하고, 만능이 아니다. 컴퓨터 프로그램으로 일일이 구현되어야 한다. 구체적으로 코딩을 해 주지 않으면 아니 되는 컴퓨터 프로그램에 불과하고, 기계 학습이나 강화 학습 등을 통해 인간의 예측 범위를 넘는 성능까지 보여 주는 일이 없지는 않으나, 구체적인 구현 대상은 퀴즈 쇼, 바둑이나 아케이드 게임과 같이 명쾌한 규칙을 가진 폐쇄적 환경의 문제 해결에 국한되고, 현실 세계의 복잡한 영역의 문제 해결에서 같은 성과를 거둘 가능성은 희박하며, 앞으로 그런 상황이 쉽게 오지 않을 것이다. 강화 학습으로 세상을 깜짝 놀라게 한 딥마인드(DeepMind)의 알파고는 여전히 바둑에서만 강세를 보이고 있어 의료용 등으로 활동 영역을 넓혀 가는 IBM 왓슨(Watson)과는 차이가 있다. 그러나 IBM 왓슨조차 특정 영역에 국한하여 성능을 발휘하는 한계가 있어 범용 기계로서의 가능성은 적다. 인공지능에 의한 직업 상실 등을 거론하면서도 어떻게 바뀔 것인지에 대한 추측만 난무할 뿐 정작 인공지능 알고리즘으

> 로 어떻게 바꿀 것인지에 대한 논의가 없다시피 한 상황에서 인간 판사의 대체는 기술적 영역의 문제만으로는 충분치 않으며, 사회적 수용 가능성이나 개발 투자라는 난관도 극복하여야 하는데, 현재 상황에서 이러한 가능성은 거의 없다고 보아야 할 것이다(양종모, 2018).

일리 있고 합리적인 해석으로 보인다. 대부분의 내용에 수긍이 갔다. 그러나 위 글이 반영하지 못한－2018년에 발표한 논문이므로 당연하지만－중대한 변수가 생겼다. 2022년 생성형 AI 챗GPT의 등장이 그것이다. 이제 '현재 상황'이 달라진 것이다.

챗GPT는 자신이 생성한 결과물로 사람들을 놀라게 했을 뿐만 아니라, AI 기술이 이제까지 존재했던 그 어떤 기술보다 빠른 속도로 발전하고 있고, 미래 학자들이 예언했던 AI의 특이점, 즉 AI가 인간의 능력을 넘어서는 그 순간이 예상보다 더 빠르게 다가오고 있음을 각인시켰다(윤송이 외, 2022). 이제 많은 AI 전문가는 20년 이내에 특이점이 올 수 있다고 보는 것 같다.

AI와 사법

그렇다면 이러한 AI와 사법(司法)은 어떠한 관련이 있는

가. 크게 입법, 행정과 구분되는 국가 작용의 하나인 사법은 보통, 구체적 법률 분쟁이 발생했을 때, 당사자의 쟁송의 제기를 기다려, 독립한 지위의 기관이 제3자의 견지에서, 무엇이 법인가를 판단하고 선언함으로써, 법질서를 유지하기 위한 작용으로 정의한다. 즉, 일체의 재판권을 말하고, 무엇이 법인가를 판단하는 규범적 가치 판단이 본질적 요소의 하나다. 이것만 얼핏 봐서는 사법과 AI는 별 관련이 없어 보인다.

또 분쟁 발생 후에 당사자의 쟁송 제기를 기다려 작용하는 소극성 또는 사후성(事後性), 법질서 유지라는 보수성, 그리고 독립성과 중립성이 본질적 속성인 사법과, 최첨단 지능 정보 기술인 AI는 속성상 잘 어울려 보이지 않는다.

그러나 다시 생각하면 사법은 규범적 가치 판단을 본질적 요소로 하므로 인간의 지능을 구현하거나 복제하려는 AI 기술이 궁극적으로 추구하는 것과 잇닿아 있다고도 할 수 있다.

AI 업계에서는 챗GPT의 등장으로 가장 큰 충격을 받은 직역 중 하나가 법률 직역이라는 진단이 나오고 있다. 법률 분야는 기본적으로 판례 기반이고, 과거에 있었던 사례를 중심으로 판결을 내리며, 판결문도 판례에 기초해서 작성하므로 LLM(large language model: 거대 언어 모델. 즉 책, 문서, 인터넷 등에 있는 방대한 텍스트 데이터를 학습하여 이를 토대로 단어와 문장을 만들어 내는 AI. 챗GPT도 그 기반이 LLM이다)이 잘하는 분야 중 하나가 법률 분야라는 이유에서다. 또 AI가 하는 일이 잠재된 패턴을 찾아내는 것인데 사법은 잠재된 패턴이 있는 대표적 분야라 할 수 있으므로 AI 기술의 파장이 클 수밖에 없다는 견해도 있다(박태웅, 2024; 하정우 · 한상기, 2023).

특히 로스쿨을 막 졸업한 주니어 변호사나 변호사 업무를 보조하는 종사자(paralegal)들에게 위기가 될 수 있다고 판단한다. 그들의 주요 업무가 사건에 적합한 판례를 검색하고 요약하여 보고하고 법률 문서의 초안을 작성하는 것인데 이런 업무는 AI가 잘하는 영역이라는 것이다. 한편 법률 분야는 정보가 매우 비대칭적인 시장이어서 법률 수요자의 견지에서는 용어부터 어려워 접근하기 쉽지 않고 법률 서비스의 정확한 가치를 매기는 것도 힘든 일인데, AI의 도움을 받을 수 있다면 진입 장벽을 상당히 낮출 수 있으므로, 기존의 법률 시장에서 서비스를 제공하는 변호사 등의 처지에서는 위기가 될 수 있지만, 사회적으로는 긍정적인 측면이 있다고 진단한다

(하정우 · 한상기, 2023).

AI 기술 발전으로 인한 사법 변화의 구체적 모습과 정도는 쉽게 가늠할 수 없다. 다만 일자리와 일하는 방식에 큰 변화가 올 것이라는 점은 충분히 예상할 수 있다.

많은 전통적인 법률가의 일자리가 크게 약화되고—AI가 더 잘 수행할 수 있는 업무(자문, 문서 초안 작성, 연구, 문제 해결)에 대해 시장이 더는 값비싼 변호사를 용납하지 않을 것이다—상당수는 사라질 수도 있을 것으로 예측된다(Susskind, 2010).

참고문헌

박태웅(2024). 『박태웅의 AI 강의 2025』. 한빛비즈.

양종모(2018). 인공지능에 의한 판사의 대체 가능성 고찰. ≪홍익법학≫, 19(1), 2-29쪽.

윤송이 외(2022). 『가장 인간적인 미래』. 웨일북.

이어령(2022). 『너 어떻게 살래: 인공지능에 그리는 인간의 무늬』. 파람북.

이영완 외(2016.3.10). "산업혁명에 비견될 사건(주경철 서울대 교수)…그런데 왠지 으스스하다(소설가 이문열)" 낙관·비관 교차한 각계 반응". ≪조선일보≫, https://archive.chosun.com/pdf/i_service/pdf_ReadBody_s.jsp?Y=2016&M=03&D=10&ID=2016031000164

임정환(2024.3.19). 이세돌 "내가 알파고 당연히 이길 줄…AI가 은퇴에 영향". ≪문화일보≫,

https://m.munhwa.com/mnews/view.html?no=2024031901039910018004#:~:text=%EC%9D%B4%EC%84%B8%EB%8F%8C%20%E2%80%9C%EB%82%B4%EA%B0%80%20%EC%95%8C%ED%8C%8C

하정우 · 한상기(2023). 『AI 전쟁: 글로벌 인공지능 시대 한국의 미래』. 한빛비즈.

Susskind, R. E.(2010). *The end of lawyers?.* Oxford University Press.

01
AI, 머신 러닝, 딥 러닝

AI의 본질은 확률적 예측을 통한 합리적 결과 도출 과정이라고 할 수 있다. 인간처럼 사물을 이해하는 것이 아니라 확률적으로 가능성이 가장 큰 응답을 제공하는 시스템이다. 방대한 양의 데이터 학습을 바탕으로 다음에 나올 적절한 단어를 확률적으로 잘 예측할 뿐이란 것이다.

AI와 1인 창업?

AI란 무엇인가

AI(artificial intelligence, 인공지능)란 말은 인간지능이나 자연지능과 짝이 되는 개념일 텐데, AI에 관해 확립된 공통의 정의는 없는 것 같다. 십인십색이랄까?

"컴퓨터 과학에 의한 인간지능의 확장"(우라옥, 2020), "인간지능을 현상적으로만 흉내 내는 똑똑한 컴퓨터"(한국인공지능법학회, 2019), "인간이 만들어 낸(인공의) 존재에 학습, 추론, 예측, 지각, 판단, 자연어 처리 등 인간이 가진 지적 능력을 구현한 것"(이숙연, 2023), "주어진 상황에서 '최상의 결과(불확실성이 존재할 경우 기대할 수 있는 최상의 결과)를 내도록 행동'하는 합리적 에이전트(rational agent)"(서울대학교 산학협력단, 2021), "인간이 수행하는 일체의 정신 능력을 인공적으로 구현한 기계"(양천수, 2017), "인간이 아닌 기계가 지능을 가지고 인간이 수행하는 작업을 하도록 하는 기술"(최승재, 2024), "기계에 의하여 인간의 인지 능력을 재창조하는 것을 목적으로 하는 일련의 과학적 방법, 이론 및 기술"(AI 유럽사법윤리헌장; 한애라, 2019), "지능 정보 기술의 하나로서, 전자적 방법으로 학습 · 추론 · 판단 등을 구현하는 기술"(「지능정보화기본법」 제2조 제4호 가목), "방대한 데이터 세트를 결합하여 문제를 해결하는 것"(Roberts, 2023), "학습하고 적응하는 컴퓨터 프로그래밍"(이찬희 전 대한변협 회장) 등의 다양한 정의가 있다.

하긴 우리는 인간지능에 대해서도 아직 모르는 것이 많으므로 그 반영이라고 할 수 있는 AI의 정의가 구구한 것은 어쩌면 당연한 일인지도 모르겠다. 이 외에 AI가 잠깐 사이에도 신기술이 출현하는 발전적 개념인 점, 사회 영역마다 관련 기술이 달리 활용되는 점을 그 이유로 들기도 한다(김종현, 2024).

위의 여러 정의를 종합하여 공통 사항을 중심으로 AI의 본질을 살펴보면 다음과 같다.

첫째, AI는 컴퓨터 프로그래밍 중 알고리즘(페르시아의 수학자 알 콰리즈미의 이름에서 따온 말로 일정한 목적을 위해 수행해야 하는 일을 단계적으로 지시하는 명령어)이다. AI를 다룬 영화 등의 대중 매체의 영향으로 AI 하면 금속 로봇이나 안드로이드 로봇을 떠올리기 쉬운데 로봇에 AI를 장착할 수는 있겠으나 AI 자체는 로봇과는 구별되는 컴퓨터 프로그래밍이다.

둘째, 기계를 통한 인간의 지능 활동에 대한 복사, 모사 또는 구현이다.

셋째, AI는 데이터를 처리하는 방법의 일종이므로 그

기능의 관점에서는 입력 변수(예: 영어 문장, 사진)와 출력 변수(예: 한국어 문장, 사람 얼굴인지 판정)를 대응시키는 일종의 함수로 이해하는 것이 유용하다. 즉, 입력 변수로서 데이터가 시스템에 주어지면, AI는 알고리즘을 적용해 어떤 결과를 산출해 내는 것이다(서울대학교 산학협력단, 2021).

넷째, 확률론적 예측을 통한 문제 해결 또는 합리적 결과 도출 과정이다. 즉, 인간처럼 이해하고 사고하는 것이 아니라 확률적으로 가능성이 가장 큰 응답을 제공하는 시스템이라는 것이다. 다시 말해 AI는 사물을 이해하는 대신, 그것을 대량의 계산으로 대체할 뿐이라는 얘기이고, 방대한 데이터 학습을 바탕으로 다음에 나올 적절한 단어를 확률적으로 잘 예측할 뿐이란 것이다.

이런 의미에서 AI를 '확률론적 앵무새'에 불과하다고 비판하는 견해가 있다. 언어학자인 에밀리 벤더(Emily Bender, 1973~) 미국 워싱턴대학교 교수는 챗GPT가 확률론적 앵무새(stochastic parrot)에 불과하다고 했다. 이에 대해서는 그렇다면 생각의 사슬(chain of thought: CoT)을 통한, AI의 단계적 · 절차적 문제 해결 능력을 설명할 방법이 없다는 반론이 있다(하정우 · 한상기, 2023; 한세희, 2024).

약한 AI, 강한 AI

AI는 수행 능력에 따라 다음과 같이 구분하는 것이 일반적이다.

약한(좁은) AI

약한 AI는 특정 영역의 문제를 해결하기 위한 AI다. 바둑 분야에만 특화된 알파고가 대표적 예다.

강한(일반 또는 범용) AI

강한 AI는 다양한 분야에서 자율적인 방식으로 문제를 특정하고 그 해결책을 찾을 수 있는, 인간 수준의 AI를 말한다(한국인공지능법학회, 2019; 한애라, 2019).

아직은 강한 AI가 등장하지 않았고 현존하는 AI는 모두 약한 AI라고 할 수 있다. 다만 GPT-4를 강한 AI의 시작으로 볼 수 있다는 견해가 있다(하정우 · 한상기, 2023; 박태웅, 2024).

머신 러닝

AI 시스템의 구현 방식은 인간, 특히 전문가가 미리 규칙과 알고리즘을 프로그래밍하는 방법[규칙 기반 시스템(rule based system) 또는 전문가 시스템(expert system)]에서 컴퓨터 등 기계(machine)가 학습 데이터를 기반으로 스스로 학습을 통해 규칙 또는 알고리즘을 찾아가는 방식, 즉 머신 러닝(machine learning, 기계 학습) 기법으로 발전해 왔다.

규칙 기반 시스템은 톱다운(top-down) 방식이다. 설계하는 인간이 AI가 마주할 모든 가능성을 고려하며, 기계의 효율성은 그 설계자에 의해 결정된다. 그것이 벽에 가로막히자 나온 것이 머신 러닝 기법인데 이는 보텀업(bottom-up) 방식이다. 머신 러닝은 종래 전문가가 일일이 규칙을 입력하던 '규칙 기반 방식'의 한계를 극복하고, 학습 데이터로부터 함수를 통계적으로 추론해 내는 과정인데(서울대학교 산학협력단, 2020) 컴퓨터에 다양한 선택권을 주고, 주위 상황에 대응하여 스스로 변화, 적응하게 만든다. 생물학적 발상으로 눈을 돌린 것이라 할 수 있다(이어령, 2022).

딥 러닝

딥 러닝(deep learning, 심층 강화 학습)은 머신 러닝 중에서도 많은 층을 가진 인공 신경망 기반의 기술을 뜻한다(이숙연, 2023). 딥 러닝 기법을 활용하면 다수의 인공 뉴런이 복잡하게 연결된 심층 신경망 구조의 인공 신경

망을 학습시킬 수 있다. 고전적인 머신 러닝에서는 입력으로 들어가는 특징 값(feature)이 이미 만들어져 있거나 인간이 선택하는 과정이 필요하나, 딥 러닝에서는 다단계의 계층적 학습 과정을 통해 적절한 특징 값을 스스로 생성해 낸다. 딥 러닝은 빅 데이터를 학습하여 스스로 특징 값을 만들고, 사람이 인식하지 못한 숨은 특징도 찾아낸다. 딥 러닝은 데이터의 복잡한 표현을 다른 간단한 표현을 바탕으로 정의함으로써, 머신 러닝이 아주 효율적으로 작동하도록 만든 것이다(김종현, 2024).

딥 러닝은 이미지, 음성 등 비구조화된 데이터(unstructured data)의 복잡한 패턴을 인식하는 데 널리 활용되고 있다. 최근 딥 러닝 기술이 급속하게 성장한 요인에는 AI 개발의 기반이 되는 빅 데이터의 충분한 축적, 컴퓨터 연산 성능의 급격한 향상, AI 알고리즘의 발전, 관련 업계의 과감한 투자 등이 있다(서울대학교 산학협력단, 2021).

마지막으로 AI, 머신 러닝, 딥 러닝의 관계를 정의하면, AI 〉 머신 러닝 〉 딥 러닝의 수식으로 표현할 수 있다. 즉 AI가 최상위 개념이고, 머신 러닝은 그 하위 개념이며, 딥 러닝은 머신 러닝의 하위 개념이다.

참고문헌

김종현(2024)『인공지능 법관 관련 헌법적 쟁점의 검토』. 헌법재판소 헌법재판연구원

박태웅(2024).『박태웅의 AI 강의 2025』. 한빛비즈.

서울대학교 산학협력단(2020).『사법부에서의 인공지능(AI) 활용방안』. 법원행정처.

서울대학교 산학협력단(2021).『손해배상 사건에서의 인공지능(AI) 활용방안』. 법원행정처.

양천수(2017). 인공지능과 법체계의 변화: 형사사법을 예로 하여. ≪법철학연구≫, 20(2), 45-76쪽.

우라옥(2020). 재판에서의 AI의 활용에 관한 사례 연구: 특히 인지적 오류 극복을 위한 활용방안을 중심으로. 서울대학교 융합과학기술대학원 석사 학위 논문.

이숙연(2023). 인공지능 관련 규범 수립의 국내외 현황과 과제. ≪법조≫, 72(1), 442-488쪽.

이어령(2022).『너 어떻게 살래: 인공지능에 그리는 인간의 무늬』. 파람북.

최승재(2024).『인공지능의 역사』. 커뮤니케이션북스.

하정우 · 한상기(2023).『AI 전쟁: 글로벌 인공지능 시대 한국의 미래』. 한빛비즈.

한국인공지능법학회(2019).『인공지능과 법』. 박영사.

한세희(2024).『요즘 어른을 위한 최소한의 인공지능 이야기』. 도서출판 날.

한애라(2019). 사법시스템과 사법환경에서의 인공지능 이용에 관한 유럽 윤리헌장의 검토 1: 민사사법절차에서의 인공지능 도입 논의와 관련하여. ≪저스티스≫, 172, 38-79쪽.

Roberts, J.(2023). *2023 Year-End Report on the Federal Judiciary*. Supreme Court of the United States,

https://www.supremecourt.gov/publicinfo/year-end/2023
year-endreport.pdf

02
미 대법원장의 보고서

"기계는 법정의 주요 행위자를 완전히 대체할 수 없습니다. 예를 들어, 판사는 선고 시 피고인의 발언의 진실성을 측정합니다. 뉘앙스가 중요합니다. 떨리는 손, 떨리는 목소리, 억양의 변화, 땀방울, 순간의 망설임, 눈 맞춤의 순간적인 중단 등 많은 것들이 영향을 미칠 수 있습니다. 그리고 대부분의 사람들은 이러한 단서를 인식하고 올바른 추론을 도출할 때 기계보다 인간을 더 신뢰합니다."

-미국 연방 대법원장 존 로버츠의 『2023년 연방 사법에 관한 연말 보고서』 중

AI와 MBTI?

2023년 연방 사법에 관한 연말 보고서

미국 연방 대법원장은 매년 연말에 연방 사법(司法) 시스템 전반과 관련된 주요 이슈에 대해 의견을 개진하는 『연방 사법에 관한 연말 보고서(Year-End Report on the Federal Judiciary)』를 발표한다.

존 로버츠(John Roberts, 1955~) 현 대법원장은 2023년 12월 31일 발표한 연말 보고서에서 부록을 제외한 총 7면 가운데 거의 1면 반을 할애해 AI 문제를 언급했다(Roberts, 2023).

AI로 인한 사법 변화의 빛과 그림자

연말 보고서에서 로버츠 대법원장은 AI를 최신 기술의 최전선으로 규정하면서 AI의 핵심은 알고리즘과 방대한 데이터 세트를 결합해 문제를 해결하는 것이라고 지적했다. 또 스마트폰이나 스마트 기기의 안면 인식 기능, 음성 인식 기능이 AI 기술에 해당한다고 언급함으로써 AI 기술에 상당한 식견이 있음을 드러냈다.

이어 로버츠 대법원장은 AI로 인한 사법 변화의 빛과 그림자를 동시에 구체적으로 언급했다.

빛, 즉 긍정적 측면으로는 변호사와 소송 당사자 모두의 사법 접근성을 극적으로 높이고, AI 없는 법률 연구

(legal research)는 상상할 수 없을 정도로 법률 연구에 혁명적 변화를 일으키며, 법원이 사건을 저비용으로 더 빠르게 해결하도록 지원할 수 있는 큰 잠재력이 있는 점을 들었다.

그림자, 즉 부정적인 면으로는 환각의 문제(hallucination: AI, 특히 생성형 AI가 실제로는 존재하지 않거나 관련이 없는 정보를 생성해 내는 문제), 법의 비인간화, 사생활 비밀 침해 등의 문제를 열거하고 있다.

그중에서 환각의 문제를 구체적으로 언급했는데, 유명한 AI 서비스 중 하나는 허위 정보를 생성한다는 결점 때문에 언론 머리기사를 장식했고, 변호사들이 존재하지 않는 판례로 변론서를 작성해 제출하도록 만들었다고 강조했다. 변호사들이 변론서 작성에 AI를 이용했다가 실제로 있는 것이 아니고 상상으로 꾸며 낸 판례가 포함돼 문제가 되는 일이 발생한 것을 염두에 둔 것으로 보인다. 실제로 2023년 6월 민사 소송을 맡았던 뉴욕의 한 변호사는 생성형 AI인 챗GPT를 통해 파악한, 고객에게 유리한 판례가 담긴 변론서를 법원에 제출했다가 존재하지 않는 판례란 사실이 드러나 벌금형을 선고받았다. 또 2023년 12월에는 도널드 트럼프 전 대통령의 옛 측근으로 유명한 마이클 코언 변호사가 구글 AI 챗봇 바드

(Bard)를 이용한 변론서를 제출했다가 가공(架空) 판례가 포함된 것이 밝혀져 구설에 오르기도 했다(김진명, 2004).

또 로버츠 대법원장은 변호사들이 의뢰인의 기밀 정보를 AI에 입력할 경우 변호사의 비밀 유지 의무에 저촉될 소지가 있다는 점도 언급했다.

AI가 인간 판사 대체?

나아가 로버츠 대법원장은 AI 활용이 법률가의 업무 수행 방식과 내용에 상당한 변화를 가져올 것으로 예측했다. 사법 업무, 특히 재판 수준에서 AI가 큰 영향을 미칠 것으로 예측하면서 이러한 변화에는 판사가 업무를 수행하는 방법뿐만 아니라 앞으로 진행하는 사건에서 AI가 수행하는 역할을 이해하는 방법도 포함된다고 보고 있다.

그러면서도 상당 기간 AI가 인간 판사를 대체하는 데까지는 이르지 못할 것이라는 비교적 보수적 · 유보적 태도를 견지했다. 그 근거로 든 것은 발언의 진실성을 판단할 때 말의 뉘앙스, 손과 목소리의 떨림, 억양의 변화, 땀방울, 순간의 망설임, 눈 맞춤을 피하는 것 등의 미묘한 차이를 포착해야 하는 사실 판단의 '회색 영역'의 존재다.

로버츠 대법원장은 인간 판사가 필요하다는 점을 논증하기 위해 테니스 대회를 예로 든다.

US 오픈을 포함한 많은 프로 테니스 토너먼트 대회에서는 시속 130마일(약 210킬로미터)의 서브가 경계선 안에 들어왔는지를 판정하기 위해 선심을 광학 기술로 교체했지만, 이 영역에서는 공이 경계선에 닿았는지 아니면 닿지 않았는지 문제 될 뿐이고 재량권도 없다는 것이다. 대조적으로, 법적 결정에는 여전히 인간의 판단을 적용해야 하는 회색 영역이 포함되는 경우가 많다고 하면서, 기계는 법정의 주요 행위자를 완전히 대체할 수 없다고 결론지었다. 또 로버츠 대법원장은 AI가 주로 기존 정보를 기반으로 하며 정보를 제공할 수는 있지만, 법이 새로운 영역에서 어떻게 발전해야 하는지에 대해 결정을 내릴 수는 없다고 하여 AI의 한계를 지적하기도 했다.

로버츠 대법원장은 이미 2017년 "AI로 구동되는 스마트 머신이 법정 사실 조사, 더 나아가 논란의 여지가 있는 사법적 의사 결정을 지원하는 날을 예측할 수 있는가?"라는 질문에 "그런 날이 이미 왔다"며 "사법부가 일을 처리하는 방식에 상당한 부담을 주고 있다"고 당시로서는 파격적인 답변을 한 바 있다(Liptak, 2017). 하지만 위 답변도 사법적 의사 결정의 '지원'에 관한 것이므로 AI가 사법적 의사 결정을 대체할 수 있다는 취지는 아닌 것 같다.

주의와 겸손

로버츠 대법원장의 언급 가운데 눈에 띄는 것은 "AI를 사용할 때는 주의(caution)와 겸손(humility)이 필요하다"는 지적이다. AI를 둘러싸고 기술에 대한 맹목적 낙관과 극단적 배격 또는 막연한 불안과 두려움이 교차하는 현실에서 위 지적은 음미할 가치가 있어 보인다(우재욱, 2024).

2024년 연방 사법에 관한 연말 보고서

2024년 12월 31일 발표한 『2024년 연방 사법에 관한 연말 보고서』에서 로버츠 대법원장은 AI 문제에 대해 직접적으로는 언급하지 않았다. 그러나 다음과 같은 표현을 통해 간접적으로 AI가 인간 판사를 대체할 수 없다고 한 전년의 주장을 상기시켰다(Roberts, 2024). "사건마다 고유한 유형의 사실 관계에 다양한 법령의 적용을 시도할 때 이견이 생길 여지는 거의 끝이 없다. 이러한 상황에 대해 판사에게 재량권을 주는 것이 지난 2023년 연말 보고서에서 기계가 판사를 전적으로 대체할 수 없다고 한 주장의 이유를 설명할 수 있다."

참고문헌

김진명(2024.1.2). 美대법원장 "AI, 법을 비인간적으로 만들 수 있어". ≪조선일보≫, https://www.chosun.com/international/us/2024/01/01/4X7KFRG4VVHIJDDRZWYML42PQ4

우재욱(2024.2.4). 두려워할 건 AI가 아니라 우리의 탐욕. ≪한국일보≫, https://www.hankookilbo.com/News/Read/A2024020214230003112

Liptak, A.(2017.5.1). Sent to prison by a software program's secret algorithms. *New York Times*, https://www.nytimes.com/2017/05/01/us/politics/sent-to-prison-by-a-software-programs-secret-algorithms.html

Roberts, J.(2023). *2023 Year-End Report on the Federal Judiciary*. Supreme Court of the United States, https://www.supremecourt.gov/publicinfo/year-end/2023year-endreport.pdf

Roberts, J.(2024). *2024 Year-End Report on the Federal Judiciary*. Supreme Court of the United States, https://www.supremecourt.gov/publicinfo/year-end/2024year-endreport.pdf

03
AI와 법률 수요자

법률 수요자인 일반 국민은 사법 분야 관여자 중에 절대다수를 차지함에도 정작 소송 과정을 비롯한 법적 논의에서는 소외되기 쉬웠다. AI로 인한 사법 서비스의 변화는 법률 수요자의 사법 접근성을 높이고, 특히 나 홀로 소송과 법률 구조의 실질화에 기여할 수 있다.

AI와 난임 극복?

나 홀로 소송 비율

민사 본안 1심 사건에서 이른바 '나 홀로 소송(self-represented lawsuits: 소송 당사자가 변호사를 소송 대리인으로 선임하지 않은 채 자신이 직접 권리를 주장하고 절차를 진행하는 소송 형태)' 비율은 2017년 75.7%, 2018년 72.9%, 2019년 71.4%, 2020년 71.2%, 2021년 68.7%, 2022년 66.5%다(홍인석, 2024).

나 홀로 소송의 비율이 조금씩 줄어든다고 하지만 여전히 그 비율이 70%에 육박하고 있다. 나 홀로 소송은 주로 변호사 수임료라는 법률 시장의 문턱을 넘지 못해 발생하는 가장 일상적이고 대표적인 사법 접근권 제한 사례라 할 수 있다.

나 홀로 소송의 실질화

AI는 방대한 법령과 판례 데이터를 단시간에 학습하고 체계적으로 분류하여, 법률 서비스의 생산성을 고도로 끌어올리고, 고비용 구조로 접근이 어려웠던 영역에까지 법률 시장을 확대하며, 국민들이 법률 서비스에 손쉽게 접근할 수 있게 할 것으로 예측된다. 특히 소송 절차에서 AI 기술의 활용은 나 홀로 소송의 실질화에 이바지할 수 있다. 나 홀로 소송을 진행하고자 하는 법률 수요자들에게, 일련의 지침을 제공하는 AI 기반 시스템의 개발 · 구축은 큰 도움이 될 수 있다. 즉, 법률 수요자들이 활용 가능한 법적 구제 유형을 이해하고, 자신의 상황이 해당 요건을 충족하는지를 확인할 수 있도록 돕고, 절차적 요건을 고지하며, 법원 제출 문서의 초안을 작성하도록 보조하는 챗봇(chatbot, 대화형 로봇) 서비스 형태의 자문 시스템을 사법부가 개발 · 구축하는 것이 그 한 예다. 이를 통해 궁극적으로 경제적으로 부담이 적고 효율적인 공공 민사 사법 체계를 구축하는 데까지 나아갈 수도 있을 것이다. 그러나 나 홀로 소송의 실질화를 위해서는 무엇보다 먼저 비법률 전문가인 일반 국민이 법이라는 전문 영역에 대해 느끼는 복잡성과 불가능성을 극복하는 문제가 선결 조건이라는 점도 고려해야 할 것이다(정채연, 2021).

대법원이 2018년 발표한 차세대 전자 소송 시스템 구축 사업(스마트 법원 4.0) 계획 중에는 챗봇이 소장(訴狀)을 작성해 주는 '지능형 나 홀로 소송' 같은 AI의 활용 방안이 포함되어 있다(한애라, 2019).

미국 연방 대법원장 존 로버츠(John Roberts)도 연방 사법 시스템 전반과 관련된 주요 이슈에 대해 의견을 개진하는 『2023년 연방 사법에 관한 연말 보고서』에서 이

문제를 언급했다. 즉, AI 지지자들은 특히 자원이 제한된 소송 당사자의 사법 접근성을 높일 수 있는 AI의 잠재력을 강조한다. 법원 시스템은 다양한 형태의 구제 수단을 독점하고 있으므로 변호사를 선임할 여유가 없는 사람들에게는 AI가 도움을 줄 수 있다는 것이다. 구체적으로, 템플릿과 법원 양식을 찾을 수 있는 곳, 작성 방법, 판사에게 제출할 장소 등 기본적인 질문에 대한 답을 제공하는 접근성이 높은 새로운 도구를 구동함으로써 이런 것이 모두 집을 떠나지 않고도 가능해진다. 그러므로 이러한 도구는 법원 시스템에서 사용 가능한 자원과 긴급한 요구 사항 간의 불일치를 완화할 수 있는 환영할 만한 잠재력이 있다는 것이 로버츠 대법원장의 긍정적 평가다(Roberts, 2023).

법률 구조

법률 구조란 주로 경제적 어려움 때문에 사적으로 법률 서비스를 받기 어려운 이들을 대상으로 법률 상담, 소송 대리, 문서 작성 등의 법률 서비스를 무료 또는 저렴한 비용으로 제공하는 제도나 활동을 말한다. 대한법률구조공단의 법률 구조 활동이 대표적이다.

법률 구조 분야에서 AI를 활용하여 저소득 계층의 법

률 서비스에 대한 접근권을 높일 수 있다는 기대가 적지 않다. 그러나 비영리 분야의 예산 제약, 법률 서비스의 본질에 대한 이해 부족 등의 이유로 아직까지 법률 구조 분야에서 현실적으로 적용되는 서비스는 찾기 어렵다. 현실의 복잡한 내러티브 속에서 법적으로 의미 있는 정보를 끌어내야 하는 법률 서비스의 본질과, 법률 구조 대상 사건의 다수인 이른바 '생활 법률' 문제의 특성, 즉 법률관계가 상호 신뢰와 구두 약정으로 이루어지는 경우가 많아 사건의 실체를 파악하기 어려운 점 등을 고려하면, 섣불리 이른바 AI 변호사를 도입하기보다는 AI의 조력을 통해 인간 변호사의 법률 서비스 제공 범위를 확대해 가는 것이 타당하다는 지적이 있다(한국인공지능법학회, 2019).

일리 있는 지적이나, 최근 AI 기술의 발전 속도가 날로 급속해지고 기본적으로 AI가 법률 서비스 수행에 강점이 있는 것을 생각하면, 위 지적이 큰 의미가 있는 것 같지는 않다.

다만 인간 변호사가 AI의 조력을 통해 생산성을 높임으로써 법률 서비스 단가를 낮출 수 있는 경우 그로 인해 서비스 제공 범위를 더욱 확대할 수 있다는 지적(한국인공지능법학회, 2019)은 현 단계에서 현실성 있는 선순환적 해법을 제시한 것으로서 의미 있어 보인다.

대한법률구조공단에 근무하는 변호사들이 업무량이 많고 전화나 대면 상담은 근무 시간의 제약이 있으므로, 법률 분야를 잘 학습한 AI 챗봇을 활용하면, 민원인이 24시간 이용할 수 있고 기본적인 내용은 이해할 수 있게 되며, 변호사는 대화 내용이나 요약본을 사전에 검토하고 본 상담에 임할 수 있어, 서로 간에 시간과 비용을 줄일 수 있다는 제언이 있다(하정우 · 한상기, 2023). 예산상의 문제가 있기는 하나 한번 시도해 볼 만하다고 생각한다.

참고문헌

정채연(2021). 『사법절차 및 사법서비스에서 인공지능 기술 도입 및 수용에 관한 정책 연구』. 사법정책연구원.

하정우 · 한상기(2023). 『AI 전쟁: 글로벌 인공지능 시대 한국의 미래』. 한빛비즈.

한국인공지능법학회(2019). 『인공지능과 법』. 박영사.

한애라(2019). 사법시스템과 사법환경에서의 인공지능 이용에 관한 유럽 윤리헌장의 검토 1: 민사사법절차에서의 인공지능 도입 논의와 관련하여. ≪저스티스≫, 172, 38-79쪽.

홍인석(2024.3.29). 사기 사건 피고인은 수 억원 대 전관 쓰고…일반인 대다수는 "비용 부담에 나홀로 소송". ≪조선비즈≫, https://biz.chosun.com/topics/law_firm/2024/03/29/KEO

XEU52EVEWXATCMTGIJ6BVZU

Roberts, J.(2023). *2023 Year-End Report on the Federal Judiciary.* Supreme Court of the United States, https://www.supremecourt.gov/publicinfo/year-end/2023year-endreport.pdf

04
AI와 변호사

변호사는 법률가 중에 숫자가 가장 많고, 법조계에서 상대적으로 업무의 효율과 생산성을 더 강조하므로 직역의 미래와 관련하여 AI 동향에도 민감하다. AI로 인한 사법 환경의 변화는 변호사들에게, 법률 직역은 AI 기술로부터 별다른 영향을 받지 않을 거라는 생각에 도전하고, 기존 법률 서비스의 비경제성과 비접근성 측면을 돌아보도록 하며, 현재 법률 서비스 제공 방식을 개선하고 나아가 전면 개편하는 데 AI 기술의 힘을 활용하도록 권유한다.

AI와 사주?

변호사의 미래

영국 태생으로 법과 기술 분야의 전문가이고 이미 1980년대에 'AI와 법'을 주제로 박사 학위 논문을 썼으며 영국 대법원장의 IT 기술 자문위원인 리처드 서스킨드(Richard Susskind, 1961~)는 2013년 출간한 저서 『Tomorrow's Lawyers(미래의 변호사들)』 서론 첫머리에서 앞으로 20년 이내에 법률 기관과 법률가는 지난 2세기 동안보다 더 급격한 변화를 겪을 것이라고 선언한 바 있다(Susskind, 2023). 변호사의 역할과 영향력에 대한 근본적인 변화가 목전에 있으며, 시장의 경제적 효율성 증대 선호에 따른 법률 서비스의 상품화와 정보 기술의 광범위한 보급이라는 두 가지 힘으로 법률 서비스의 혁신적인 개선이 이루어지리라는 것이다.

이러한 급격한 변화는 법조계 가운데서도 업무의 효율과 생산성 향상을 상대적으로 더 강조하는 변호사 직역에 더 빠르고 강하게 임할 것으로 보인다. 또 변호사 업무 영역별로 다른 양상을 보일 수도 있을 것이고, 기존의 변호사들은 AI 활용을 통해 비용 절감, 더 양질의 법률 서비스 제공 등의 효과를 볼 수 있는 반면 고객들이 변호사 대신 AI를 선택함으로써 기존 변호사들을 대체하는 효과도 있을 수 있어 상충하는 측면도 있다(노유진,

2018).

대체 가능

변호사의 업무는 크게 자문 업무와 송무 업무로 나뉘는데, 개별 사건에 기존 법리와 판례를 검색·적용해 자문에 응하는 전형적인 자문 업무부터 AI가 대체함으로써 법률 직역에서는 변호사가 가장 먼저 AI 기술의 영향력을 받을 것으로 관측한다. 따라서 자문 영역과 관련해 AI를 이용한 검색 기능 등이 발전할수록 필요로 하는 법률 전문 인력의 수가 줄어들 수도 있다(한국인공지능법학회, 2019).

2018년 법무 법인 대륙아주가 도입한 한국의 첫 AI 변호사 유렉스는 변호사와 법률 비서 여러 명이 짧게는 며칠, 길게는 몇 달 걸려 하던 관련 법령과 판례 검색 같은 사전 리서치 업무를 20~30초 만에 해치운다고 한다(안혜리, 2018).

대체 불능?

이에 비해 송무 업무는 의뢰인과 인적으로 접촉하면서 주장을 정리하고 증거를 수집, 정리하여 이를 서면으로 법원에 제출하고 공판정에서 판사를 설득하는 것을 그 내용으로 하므로, 적극적으로 문서와 증거를 생성하는 측면이 강하고, 업무를 수행할 때 의뢰인과의 접촉 · 신뢰를 전제하게 되어 AI가 대체하기 어려운 면이 존재한다(한국인공지능법학회, 2019). 이와 관련해 AI가 역할을 할 수 없거나 제한된 역할만 할 수 있는 변호사 업무로 계약 협상, 구두 변론, 증인 신문, 분쟁 해결 전략 수립, 고객과의 커뮤니케이션을 들기도 한다(고학수, 2018). 그러나 현재 예측할 수 없을 정도로 급속하게 발전하는 AI 기술 속도에 비추어 시간문제일 뿐, 위와 같은 업무를 대체하기 어렵다고 단정할 수는 없다고 본다.

리뷰할 변호사는 필요하다

미국을 중심으로 민간 법률 서비스 분야에 AI 기술을 접목하려는 시도가 크게 늘고 있다. 특히 시장에서 비용을 절감하고 효율성을 높이려는 경쟁이 심해짐에 따라, 종래 AI 기술의 활용을 소극적으로 검토하던 단계로부터, 현재 일부 영역에서는 AI를 필수로 여길 정도로 인식이 변화하고 있다. 이에 따라 리걸 테크(legal tech: 법률 서비스에 AI 기술을 적용하고자 하는 시도) 분야에 대한 투자가 급격히 늘고 있다(서울대학교 산학협력단, 2020).

한편 한국에서도 최근 생성형 AI가 공공과 민간 분야

를 가리지 않고 도입·활용되고 있는데 기관 또는 기업의 실무자들이 그 도입과 활용에 적극적이다. 이는 실무자들이 그간 통상 변호사들에게 의뢰했던 송무와 계약서 검토뿐만 아니라 업무 과정에서 지나쳤던 크고 작은 법적 고민을 해소하고자 하는 수요가 크기 때문인 것 같다. 기관 또는 기업에서 AI를 활용할 경우 실무자들의 잠재적 법률 수요가 AI에 대한 질문 형식으로 표출될 것이 예상되므로 변호사가 AI의 답변을 사후적, 주기적으로 리뷰(사실 검증)해 줄 필요가 있다(민명기, 2024).

이 과정에서 일자리를 잃는 사내 변호사도 있을 수 있으나 기존에 사내 변호사가 없던 기업이나 기관이 AI를 도입하는 경우 AI의 답변을 리뷰해 줄 변호사가 필요하므로 새로운 법률 서비스 수요가 창출될 수도 있을 것이다.

미래의 변호사

서스킨드는 『미래의 변호사들』에서 법과 변호사는 AI 기술을 비롯한 기술 발전으로부터 별다른 영향을 받지 않는다고 생각하는 사람들에게 도전하고, 기업과 시민 모두에게 법률 서비스의 비경제성과 비접근성에 주목하도록 하며, 차세대 변호사들에게 현재 법률 및 법원 서비스 제공 방식을 개선하고 나아가 전면 개편하는 데 기술의 힘을 활용하도록 권유한다. 또 서스킨드는 2040년 즉 오늘날 젊은 변호사들의 경력 중반이 되는 20년 후의 법조계가 인식할 수 없을 정도로 변화했을 것이라고 예상하는 것은 과장된 기대도 공상도 아니라는 점을 강조하면서 미래의 변호사들(tomorrow's lawyers)에게 '정의의 업그레이드(upgrading justice)'를 위해 기술을 활용해 우리의 가장 중요한 사회 제도인 법의 새로운 길을 개척해 줄 것을 촉구한다(Susskind, 2023).

참고문헌

고학수(2018.6.28). 인공지능 기술의 발전과 법률서비스 시장의 변화. ≪AI와 법률시장의 미래 토론회 자료집≫, 3-26쪽.

노유진(2018.6.28). 인공지능 기술의 발전과 법률서비스 시장의 변화(지정토론문). ≪AI와 법률시장의 미래 토론회 자료집≫, 73-77쪽.

민명기(2024). 『2024 법률시장 리포트』. 법조포럼.

서울대학교 산학협력단(2020). 『사법부에서의 인공지능(AI) 활용방안』. 법원행정처.

안혜리 (2018.4.6). 로펌 간 한국 첫 AI 변호사…검사도 놓친 분석 '단 20초'. ≪중앙일보≫, https://www.joongang.co.kr/article/22508494

한국인공지능법학회(2019). 『인공지능과 법』. 박영사.

Susskind, R. E.(2023). *Tomorrow's lawyers.* Oxford University

Press(3rd edn).

05

AI와 스마트 법원

대법원이 추진하고 있는 차세대 전자 소송 시스템 구축 사업 '스마트 법원 4.0'을 비롯하여, 각국 법원은 '사법부의 지능 정보화', '사법의 디지털화' 작업을 추진 · 진행하면서 AI 기술을 활용하거나 그 도입을 적극 검토하고 있다.

AI와 아이돌?

전자 소송과 스마트 법원 4.0

우리 법원은 2009년 특허 법원의 특허 소송 절차를 필두로 하여 형사 절차를 제외한 거의 모든 소송 절차에 전자적 방법으로 소장을 비롯한 소송 서류, 증거, 판결문 등을 제출 또는 송달하는 전자 소송 시스템을 도입하여 현재는 정착 단계에 와 있다. 형사 절차에도 경찰, 검찰의 시스템과 통합 연결하여 조만간 도입할 것으로 보인다.

나아가 대법원은 2018년 4월 스마트 법원 4.0에 대한 중장기 계획을 제시하면서 빅 데이터와 AI 기반의 차세대 전자 소송 시스템을 구축하겠다는 계획을 발표했다.

스마트 법원 4.0은 자동화된 정보 처리를 바탕으로 하는 지능형 법원이라 할 수 있다. 사법 절차의 모든 문서를 디지털화하여 빅 데이터 분석 기반을 마련하고 AI 시스템으로 업무 처리의 지능화, 자동화를 추진하여 법원의 업무 부담을 경감하고 사건 처리 기간과 비용을 줄이는 등 효율적인 재판 환경을 조성하겠다는 구상이라고 할 수 있다.

구체적으로는 사법 정보 공개 포털을 통해 판결 정보 공개 확대, 모바일 전자 소송과 온라인 재판 출석 현실화, AI 챗봇의 사건의 단계별 절차 안내를 통해 나 홀로 소송의 활성화에도 기여하고자 한다. 더불어 조기 화해, 조정의 가능성 예측, 유사 사례와 참고 판결 자동 추천, 판결문 초고 작성 등을 통해 법관의 업무 부담을 줄이겠다는 구상도 포함되어 있다(정채연, 2021; 이성진, 2018).

즉, 스마트 법원 4.0은 사법 정보 공개를 확대하고, 국민 중심의 사법 서비스를 강화하며, 재판 사무에 지능형 사건 관리 플랫폼을 도입하는 것을 목표로 한다. 특히 축적된 기존 전자 소송 문서 등의 정보를 빅 데이터 형태로 인공지능 기술에 활용하고, 지능형 통합 검색 서비스에서는 사용자의 질의 의도를 파악하여 그에 맞는 검색 결과를 제공할 수 있으며, 소송 자료의 내용을 분석해 해당 사건과 유사한 판결문을 자동으로 추천할 수 있다는 것이다.

기존의 전자 소송은 문서의 전자적 송달이 핵심으로서 AI 기술과는 무관하다고 할 수 있으나, 스마트 법원 4.0은 사법부 차원에서 사법 절차와 사법 서비스에 AI 기술을 도입 활용하겠다는 의지를 공식 표명한 것으로 볼 수 있다.

스마트 법원 4.0은 애초 2024년 시행 예정이었으나, 예산 등의 이유로 시행이 늦추어져 2025년에 시행할 예정이다.

해외 주요 사례

위와 같이 AI 기술을 활용해 사법의 지능 정보화를 추구하는 해외 각국 사법부의 정책적 노력 중 주목할 만한 사례를 몇 가지 들면 다음과 같다.

먼저 각국 사법부의 노력을 개관하면, 각국 사법부의 AI 활용은 당사자의 자율적 분쟁 해결 능력을 높이기 위한 목적으로 소액 사건과 같은 분야를 중심으로 이루어지고 있고, 판결문 데이터베이스 구축 등 사전 단계의 인프라 구축을 위한 정책적 노력을 기울이고 있으며, 국민의 사법 접근권을 높이기 위해 법원 내 서비스 지능 로봇과 챗봇을 활용하고 있다.

에스토니아

에스토니아(Estonia)는 소가(소송 목적의 값) 7000유로(약 950만 원) 미만인 사건에 관해 판결을 담당하는 로봇 판사 개발 프로젝트에 착수했다고 보도된 바 있다. 이러한 에스토니아의 시도는 알고리즘에 기반한 사법적 의사 결정에 공식적인 권한을 부여하는 첫 번째 사례가 될 수 있다는 점에서 주목받고 있다(정채연, 2021; 서울대학교 산학협력단, 2021). 그러나 'AI 판사'보다는 '판사를 위한 로봇 어시스턴트(a robot assistant to the judge)'로 보는 것이 타당하다는 견해도 있다(우라옥, 2020).

참고로 유럽에서 사법의 지능 정보화라는 이니셔티브를 처음으로 제창한 국가는 바로 에스토니아다. 인구가 130만 명 정도에 불과한 에스토니아는 지능 정보 기술을 활용해 각종 혁신적인 사법 정책을 시도하기에 적절한 환경을 갖추었다는 평가를 받고 있다(정채연, 2021).

라트비아

라트비아의 법원 행정처는 2017년 법원 조직에 로봇 자동화 절차를 도입하는 파일럿 프로젝트인 '로봇 절차 자동화'를 시행했다. 업무 자동화는 단조로운 업무를 줄여 법원 구성원들이 중요한 임무에 집중할 수 있도록 하고, 인적 오류의 위험을 축소해 업무의 질적 제고라는 효과를 거둘 수 있도록 하는 것이다. 수년간 로봇 절차 자동화를 통한 법원 행정의 성공적인 운영으로 인해 실제 법원 행정처는 수동적 · 반복적인 업무의 총량을 효과적으로 감축했다. 현재 로봇 자동화는 ① 법원 서비스 관련 납부에 대한 송장(invoices)을 처리하여 자원 관리 시스템에 추가하는 것, ② 집행 절차 등록에 대한 신청 수수료를 처리하여 해당 절차와 연계하는 것까지 이루어졌으며, 향후에는 ③ 토지 등기 및 토지 대장 정보 시스템으로부터 데이터를 수집하여, 매년 지방 법원에 제출되는 모든 신청에 대한 수수료 처리를 자동화할 계획을 가지고 있다. 이 외에도 법원 행정처는 로봇 자동화를 더 활성화하기 위해, 인사 관리 영역에서 작업 흐름의 최적화, 법원 내 서식의 자동화된 처리, 토지 등기 신청에 대한 통합 정보 처리와 같은 영역의 활용 가능성을 검토하고 있다고 한다(정채연, 2021).

오스트리아

오스트리아는 전지 사법(e-justice) 분야에서 유럽 국가 중 가장 선도적인 나라의 하나다. 머신 러닝과 딥 러닝 알고리즘을 신속하고 효율적인 문서 분석과 처리에 주로 활용하고 있으며 사건을 신속하게 처리하고 해당 절차와 관련된 연결 관계를 분석하기 위하여 사법부 내 정보 기술(IT) 전문가들의 지원이 이루어지고 있다. 판결을 공개할 목적으로 인공지능을 통한 익명화가 시행되었다(김종현, 2024).

프랑스

프랑스는 예전부터 예측적 사법에 관심을 표해 왔는데 2017년 법무부 주도로, 렌(Rennes)과 두에(Douai) 두 항소 법원을 통해, 다양한 사건에서, 재판권의 평등한 보장을 위해 법원 결정 간의 과도한 차이를 줄일 수 있는 의사결정 도구를 만들 목적으로, 프레딕티스(Predictice)사의 사법 예측 프로그램을 테스트했다. 실험 결과에 대해서는 법무부와 프레딕티스사 사이에 논란이 있었다. 르네 항소 법원장의 공개 인터뷰 내용에 따르면 테스트 대상 프로그램은 항소 법원이 원심 판결을 검토하는 데 부가가치를 주지 못했다는 것이다. 또 이 프로그램에 대해서는 법관의 판단에 관하여 특정한 어휘의 등장과 인과 관계를 혼동하는 내용상 결함이 지적되기도 했다(서울대학교 산학협력단, 2020).

미국

미국에서 AI 기술은 민간 법률 서비스를 중심으로 발전하고 있다. 사법 시스템에서 AI 활용은 주로 형사 절차에서 이루어지고 있는데 특히 통계 처리를 통해 재범 위험성을 예측하는 AI 기술(컴퍼스 프로그램)이 보석, 양형, 가석방 단계에서 사용되고 있다. 법관이 양형 판단을 할 때 AI의 재범 위험성 평가 결과를 참고하는 것이 피고인의 적법 절차에 따른 권리를 침해하는 것인지 다툰 사례도 있다[루미스(Loomis) 대 위스콘신(Wisconsin) 사건]

(김종현, 2024). 민사 절차에서는 전자 증거 개시 절차의 효율화와 관련해 AI 기술의 적용이 시도되고 있다(서울대학교 산학협력단, 2021).

중국

중국은 판결의 일관성 차원에서 AI 기술의 적용을 위해 노력하고 있다. 최근 최고 인민 법원은 '유사 사건에는 유사 판결' 원칙을 강조하면서 판결의 통일성을 높이기 위해 법관이 판결을 내리기 전 유사 사건의 존재 여부를 반드시 검색하여 보고하도록 하는 제도를 실시하고 있다. 이러한 제도는 AI 기술을 통해 유사 사건을 효과적으로 검색해 낼 수 있는 기술적 기반을 통해 구현될 수 있는데 우선 중국 법원은 전국의 판결을 단일한 데이터베이스로 하여 통합 유사 사건의 효율적 검색을 위한 시스템을 AI 기술 기반으로 설계하고 있다. 또 중국 법원은 전자 소송에서도 AI 기술을 도입하고자 시도하고 있다. 그리고 최고 인민 법원은 2018년부터 법률 AI 기술에 대한 경진 대회(China AI and law challenge competition, CAIL)를 개최해 왔다. CAIL 경진 대회는 학계와 산업계의 연구자들과 개발자들이 참여해 오고 있는데, 2020년 대회까지 3010개 팀이 참여했을 정도로 활발하게 진행되고 있다. 위 대회에서는 매년 몇 가지 과제와 이를 해결하기 위한 학습 데이터 집합을 제시하고, 참가자들의 여러 과제의 성과를 종합하여 최종 우승자를 결정한다.

이러한 맥락에서 볼 때, 중국 법원의 최근 AI 기술 도입 시도는 주로 형사 절차에서 양형의 일관성 확보와 법관의 사법 활동의 감독 강화에 초점을 맞추고 있는 것으로 보인다(서울대학교 산학협력단, 2021).

참고로 글로벌 컨설팅 기업인 보스턴컨설팅그룹(Boston Consulting Group, BCG)은 2024년 공개한 『AI 성숙도 매트릭스』 보고서에서 중국을 미국, 캐나다, 싱가포르, 영국과 함께 AI 기술 선두 그룹인 'AI 선도국(AI pioneer)'으로 분류한 바 있다(김태성, 2024).

중국이 이처럼 AI 발전에 앞서가는 이유 중 하나는 데이터 가공(data labelling)에 투입할 값싼 노동력이 충분하다는 점이다. AI는 학습량이 많으면 많을수록 똑똑해지므로 데이터 가공 인력은 많으면 많을수록 좋기 때문이다. 중국의 종합 IT 기업 알리바바에는 데이터 가공 담당 직원만 20만 명이 있는 것으로 알려졌다(정상조, 2021).

영국

영국 법원에서 AI 기술의 활용은 인간 노동 집약적이고 문서 중심적인 행정 절차에 내재하는 비효율성 문제를 개선하는 새로운 법원 행정 시스템을 구축하고, 사법 서비스를 이용하는 시민들의 '사용자 경험' 관련 데이터를 사법 정책에 충실히 반영하는 데 집중하고 있다. 예를 들어 금전 채권 사건에서 사법 서비스 이용자가 직면하는 고충을 파악하기 위해 다양한 데이터를 분석하여 해당 절차를 재설계하는 것과 같이, 당사자들이 사법 서비스를 이용하는 데 불편한 사항을 개선할 방안을 고안하기 위해 노력하고 있다(정채연, 2021).

싱가포르

싱가포르 사법부는 사법 접근권의 관점에서 사회 경제적 격차가 상대적으로 심각한 사회 현실을 고려해, 저소득 계층에 속하는 사람들이 고비용의 변호사를 선임하지 않고서도 사법적 구제를 받을 수 있도록 하는 데 사법 정책의 방점을 두어 왔다. 이때 사법 접근권의 진입 장벽으로 싱가포르에서 주목하는 것은 자원의 간극과 정보의 간극이다.

그중 자원의 간극을 메우기 위해 싱가포르는 법원 디

지털화와 자동화를 지향하는 단계별 정책을 추진해 소송 당사자가 법원 체계에 접근할 수 있도록 하는 총체적 역량을 높이고자 노력해 왔다.

또한 정보의 간극을 메우기 위해, 싱가포르 법원은 법률 정보에 대한 접근성을 촉진하고 소송 당사자가 리걸 헬프(legal help) 서비스와 직접 연결될 수 있도록 이에 적합한 지능 정보 기술을 활용하고 있다. 예컨대 민사 온라인 도구(civil online toolkit)는 민사 법원의 처리와 그 절차에 대한 정보를 제공하는 온라인 리소스 모바일 애플리케이션이다.

싱가포르 법원은 AI 기술을 활용하는 지능형 사건 검색 시스템(intelligent case retrieval system)을 개발하는 데 성공한 바 있다. 지능형 사건 검색 시스템은 AI를 활용한 데이터 분석 기법을 통해 과거의 유사한 선례와 사건을 효과적으로 검색할 수 있다. 이러한 도구를 사용하게 됨으로써 판례 데이터베이스에서 가장 관련도가 높은 판례를 발견해 내고, 다양한 법 분야의 사법 결과에 대한 예측을 빠르고 정확하게 검색·조사할 수 있게 되었다. 특히 당사자들이 지능형 사건 검색 시스템을 활용하면, 자신의 청구와 주장에 있는 강점과 약점을 스스로 평가할 수 있게 된다. 이러한 사전적 단계의 평가, 점검을 통해 이전보다 질적으로 높은 수준의 법 문서 제출이 가능하게 되어 법관의 의사 결정 절차에도 간접적인 지원이 이루어진다고 할 수 있다.

또 싱가포르 법원은 전자 협상, 전자 조정과 같은 온라인 분쟁 해결 방법을 제공하는 통합 사법 설루션(solution)으로서 '공동체 사법 및 재판소 시스템(community justice and tribunal system)'을 시행했다. 이 시스템은 당사자가 언제든지 온라인으로 소장을 제출할 수 있도록 하며 전자 제출, 전자 사건 파일, 전자 납부와 전지 명령과 같은 법원 서비스에 대한 디지털 접근을 가능하게 한다. 이러한 디지털 서비스는 소송 당사자가 비용과 시간을 크게 절감할 수 있게 하는 등 상당한 편의를 제공할 수 있다고 한다. 이를 위해 폭넓은 사용자 가이드 역시 제공되고 있다. 이 중 전자 조정은 오프라인으로 이루어지는 조정에 비해, 당사자들에게 융통성 있는 방안을 제공하고 신속한 문제 해결을 도울 수 있는 것으로 평가받는다(정채연, 2021).

참고문헌

김종현(2024). 『인공지능 법관 관련 헌법적 쟁점의 검토』. 헌법재판소 헌법재판연구원.

김태성(2024.12.12). 연구인력 中의 20분의1…"韓 AI 기술, 글로벌 2군". ≪매일경제≫, https://www.mk.co.kr/news/it/11192166

서울대학교 산학협력단(2020). 『사법부에서의 인공지능(AI) 활용방안』. 법원행정처.

서울대학교 산학협력단(2021). 『손해배상 사건에서의 인공지능(AI) 활용방안』. 법원행정처.

우라옥(2020). 재판에서의 AI의 활용에 관한 사례 연구: 특히 인지적 오류 극복을 위한 활용방안을 중심으로. 서울대학교 융합과학기술대학원 석사 학위 논문.

이성진(2018.4.12). 대법원 "차세대 전자소송 시스템 구축한다". ≪법률저널≫, http://www.lec.co.kr/news/articleView.html?idxno=47291

정상조(2021). 『인공지능, 법에게 미래를 묻다』. 사회평론.

정채연(2021). 『사법절차 및 사법서비스에서 인공지능 기술 도입 및 수용에 관한 정책 연구』. 사법정책연구원.

06
AI와 민사 절차

사적 자치 원칙에 따라 당사자의 자율적 의사가 중시되는 민사 절차에서는 당사자의 사법 접근권, 자율적 분쟁 해결이라는 당사자 중심의 관점과 사법 서비스의 효율성이라는 법원 중심의 관점을 함께 고려하여 AI 기술의 활용 가능성을 결정한다.

AI와 야구?

사적 자치 원칙

민사 절차란 개인 간에 발생하는 권리 또는 법률관계의 다툼을 법원을 통해 해결함으로써 권리를 확정 · 실현하는 절차를 말한다. 민사 절차에서는 사적 자치 원칙(私的 自治 原則: 개인 간의 법률관계는 국가나 제3자의 간섭 없이 개인이 자기 의사와 책임으로 형성할 수 있다는 법 원칙)에 따라 당사자의 자율적 의사가 중시되므로 피고인의 인권과 적법 절차의 보장이라는 엄격한 제한 아래에 있는 형사 절차에 비해 AI의 활용 여지가 더 크다고 할 수 있다. AI 활용에 대한 논의가 민사 절차에서 주로 이루어지는 이유이기도 하다.

사법 접근권 제고

민사 절차에서 AI 기술을 활용하면 분쟁 해결의 효율성, 사법 절차의 투명성, 법관의 업무 부담 경감, 사법 행정의 효율성, 사법 참여의 실질화를 통한 국민의 권익 실현에 이바지할 것이라고 기대된다. 이때 그 중심이 되는 개념이 국민의 사법 접근권(access to justice)이라고 할 수 있다. 국민의 사법 접근권은 사법 분야에 AI 기술을 도입하고 활용하는 것을 정당화하는 대표적 근거라 할 수 있고 그 실현은 사적 자치 원칙에 따라 당사자의 자율적 의

사가 중시되는 민사 절차에서 특히 두드러진다. 민사 절차에서 사법 접근권은 당사자가 사법 시스템을 이해하고 설득력 있는 주장을 하도록 돕는 소송 당사자 중심 관점과 법원이 효율성, 지속성, 투명성, 사법 서비스의 질을 고양하도록 돕는 법원 중심 관점에서 이해할 수 있다(정채연, 2021).

사법적 결정 예측

민사 절차에서 AI의 활용이 가장 활발하게 이루어질 수 있는 분야 또는 사법부의 AI 활용과 관련하여 최근 가장 주목받고 있는 분야는 사법적 결정 예측(judicial decision prediction) 또는 사법 예측(predictive justice) 분야라고 할 수 있다.

미국의 리걸 테크(legal tech) 기업들은 법률 자문 서비스의 하나로 법원의 결정, 나아가 개별 법관의 결정을 예측하는 프로그램을 개발·운용해 왔다. 이를 통해 소송 당사자는 자신의 권리 주장의 강점과 약점을 파악하고 법원의 결정을 예측함으로써 향후 적절한 분쟁 해결 방법(예를 들어 화해 또는 조정)을 선택할 수 있을 것이다. 이와 유사한 예측 프로그램을 국민의 사법 접근권 제고 관점에서 법원이 운용할 수 있을 것이다(정채연,

2021).

민사 절차에서 AI, 특히 머신 러닝의 활용은 당사자의 법적 주장과 증거의 패턴을 찾아내고 충분한 근거에 의해 논증된 주장들을 표시하며 상대방 주장과 자신의 주장을 평가할 수 있도록 할 것이다. 더불어 당사자의 청구와 주장에 대한 법관의 효율적 분석을 위해서도 이러한 프로그램을 개발·활용할 수 있다(정재연, 2021). 그러나 예측적 사법은 사법적 결정의 예측 가능성과 법적 확실성을 높일 기회를 주지만 동시에 잠재적 위험성에 대한 우려가 제기되기도 한다.

즉, 사법 예측 관련 연구는, ① 이미 선고된 판결문의 사실 관계 등의 판시를 이용하여 그 판결문의 결과를 예측(판결문 텍스트 자체를 이용하여 재판의 결과를 예측)하는 경우, ② 법률 전문가가 결론에 영향을 끼치는 개별 판단 요소(매개 변수)를 추출한 다음, 이를 이용하여 판결의 결과를 예측(판결문에서 추출된 특성을 이용하여 재판의 결과를 예측)하는 경우, ③ 소송 서면 및 소송 정보를 이용하여 재판의 결과를 예측하는 경우로 나뉜다. 그런데 최근 주목받고 있는 사법 예측 기술은, 판결의 결과와 상관관계가 있는 어휘군 또는 매개 변수를 활용해 통계적인 예측을 수행하는 방식의 모델이다. 그러나 이러한 방식은 '법적 추론' 과정을 포함하고 있지 않으므로, 사건의 결과에 관한 예측 자체는 당사자들에게 유용할 수도 있지만, 사법 시스템에서 활용하는 데에는 제약이 될 수 있다는 비판이 있다(서울대학교 산학협력단, 2020). 또 법관이 해당 소송에 대해 자신의 고유한 판단을 수행하여 결과를 도출하는 것이 아니라, 유사한 사안에서 법원이 일반적으로 내려온 판단에 대한 정보에 따라 관성적으로 결정하게 될 위험성이 있다는 수행성의 문제를 지적하는 견해가 있다(정채연, 2021).

법적 주장과 증거의 질적 수준 분석

민사 절차에서 AI를 활용하면 소송 당사자의 법적 주장과 증거에서 일정한 패턴을 찾아내고 충분한 논증이 이루어진 주장들을 표시하며 상대방 주장과 비교해 자신의 주장을 객관적으로 평가하도록 지원할 수 있을 것으로 전망된다(정채연, 2021).

ODR 플랫폼

미국과 유럽을 중심으로 발전해 온 온라인 분쟁 해결(online dispute resolution, ODR) 플랫폼 중 몇몇은 사건 결과를 예측하고 합의안 제안(proposal) 등을 위해

AI 기술을 활용하고 있다. 이러한 ODR 플랫폼은 소액 사건[소가(소송 목적의 값) 3000만 원 이하 사건]을 주된 대상으로 하고 있고(민사 절차에서 AI의 활용이 가장 많이 시도되는 분야가 소액 사건이기도 하다) 법정 출석이나 법관의 개입 없이 분쟁을 해결할 방안을 제공한다. 즉, AI가 사건의 결과를 예측하고 분쟁에 대한 합의안을 제안하는 것 등을 통해 사법적 의사 결정을 지원함으로써 사법 접근권을 실질화할 수 있을 것이다(정채연, 2021).

디스커버리 절차

영미법계 소송에서 AI가 가장 널리 활용되는 분야는 디스커버리(discovery, 증거 개시) 절차라고 할 수 있다. 디스커버리 절차는 소송 개시 후 변론 진행 전에 당사자들이 사건과 관련된 문서나 기타 증거들을 상대방에게 재공해 주는 제도를 말한다. 한국을 비롯한 대륙법계 소송 절차와는 달리 영미법계 소송 절차에서는 제출해야 하는 문서나 증거의 범위가 매우 넓다. 그래서 소송 사건을 수임한 변호사는 의뢰인이 보유하고 있는 방대한 문서를 일일이 검토하여 그중 사건과 관련 있는 문서들을 선별하여 상대방에게 제공해야 한다. 문서 검토 과정에서 법적 제출 거부 사유가 존재하는지 판단이 이루어진다. 이러한 문서 검토 업무는 보통 저연차 변호사나 계약직 변호사가 수행하는데 대규모 소송에서는 그 비용이 수십만 달러에서 수백만 달러에 이르기도 하고 시간도 굉장히 많이 소요된다. 이 업무는 상대적으로 단순 반복적, 노동 집약적인 성격을 띠므로 AI가 이를 수행하게 하여 비용을 절감하고자 한다.

그 과정을 구체적으로 보면, 우선 변호사가 제출 대상 문서 중 일부(5~10%)를 샘플로 추출해서 사건과의 관련성, 제출 거부 사유를 고려하여 제출 여부를 판단한다. 그러면 AI는 변호사가 직접 검토한 문서의 패턴을 학습하여 유사성을 기반으로 하여 나머지 문서에 대한 제출 여부를 판단한다.

향후 디스커버리 절차에서 AI 기술이 더 활발하게 활용될 가능성이 매우 크다. 미국 법원도 디스커버리 절차에 AI 기술을 활용하는 데 우호적이다. 최근 미국 뉴욕주 법원은 AI를 이용한 샘플링 방식에 따라 문서를 제출하는 것을 허용하는 취지의 명령을 한 바 있다.

그러나 국내 소송 절차에서는 광범위한 디스커버리 제도가 존재하지 않고 제한된 범위의 문서 제출 명령만 존재하므로 국내에서는 미국과 같은 대규모 디스커버리 시장이 형성되어 있지 않다.

이에 비해 변호사가 고객, 사건, 청구 등을 관리하고 각종 문서를 효율적으로 작성, 저장, 검색하는 것을 돕는 소프트웨어는 변호사들의 업무 생산성을 높일 수 있는 기술에 대한 수요가 늘어날 것이므로 시장 성장 가능성이 커 보인다(한국인공지능법학회, 2019).

참고문헌

서울대학교 산학협력단(2020). 『사법부에서의 인공지능(AI) 활용방안』. 법원행정처.

정채연(2021). 『사법절차 및 사법서비스에서 인공지능 기술 도입 및 수용에 관한 정책 연구』. 사법정책연구원.

한국인공지능법학회(2019). 『인공지능과 법』. 박영사.

07
AI와 형사 절차

형사 절차에서 AI 기술의 활용은 보석, 양형, 가석방 단계의 재범 가능성에 대한 위험 평가를 중심으로 이루어지고 있다. 이 과정에서 법치주의가 보장하는 인권과 절차적 정의에 대한 제한에 유의해야 한다. 형사 사법에서 AI 기술이 본격적으로 활용되고 있는 곳이 미국인데 이는 지나치게 높은 구금 비율과 이로 인한 교정 기관의 비용 부담 증가라는 미국 형사 사법의 현실과 맞닿아 있다.

AI와 윤동주?

형사 절차의 특성

형사 절차는 수사와 재판을 통해 범죄자와 범죄 사실을 밝혀내고 죄책을 판단하여, 범죄자에게 그에 따른 형벌을 집행하는 국가 형벌권 실행 절차를 말한다.

형벌은 국가의 제재 수단 중 가장 강력한 것이므로 피고인의 인권 보장과 적법 절차 원칙의 한계 내에서 실행되어야 하고 형사 절차에 AI가 활용될 때에도 그 한계를 엄격히 지켜야 한다.

따라서 AI의 자동화된 판단에만 의존하는 사법적 결정이 이루어지지 않아야 하고 AI 프로그램을 투명하고 설명 가능하도록 공개해야 할 것이다.

그리고 투명성과 공정성을 확보하기 위한 여러 권리 중 특히 설명에 대한 권리가 중요하다. 또한 인공지능 알고리즘에 근거를 둔 판단에 대해 당사자가 이의를 제기하고 반박할 기회를 보장해야 한다. 이와 관련해 "사법 시스템과 사법 환경에서의 인공지능 활용에 대한 유럽 윤리 헌장"에서 제시한 5대 기본 원칙 중 '이용자 통제'의 원칙(이용자가 관련 내용을 숙지하고 자신의 선택을 통제할 수 있도록 보장한다)을 참고할 수 있다(정채연, 2021; 한국인공지능법학회, 2019).

컴퍼스

형사 절차에서 AI 기술 활용은 보석, 양형, 가석방 단계에서 피의자 또는 피고인의 재범 위험도를 객관적 · 정량적으로 측정하는 위험 평가 방식으로 이루어진다. 미국의 형사 사법에서 이러한 AI 활용이 본격적으로 이루어지고 있다. 이는 미국 형사 사법 개혁의 주요 주제이기도 한 지나치게 높은 구금 비율, 교정 시설의 비용 부담 문제와 밀접하게 관련되어 있다(정채연, 2021).

대표적 프로그램이 컴퍼스(correctional offender management profiling for alternative sanctions, COMPAS)인데, 137개 지표를 바탕으로 저위험, 중위험, 고위험의 세 위험도로 분류하여 재범 가능성을 평가한다. 이러한 분석은 137개의 질문에 대한 피의자 또는 피고인의 응답과 과거 범죄 기록에 기초해서 이루어진다. 그런데 컴퍼스의 예측 결과에 대해서는 인종 차별의 효과를 초래하는 편향성이 내재한다는 지적이 있어 논란이 된 바 있다. 장래에 실제 재범을 하지 않았음에도 고위험으로 평가된 흑인 피고인의 비율이 백인 피고인의 비율보다 높았고, 저위험으로 평가되었지만 실제 재범을 한 백인 피고인의 비율이 흑인 피고인의 비율보다 높았다는 것이다(정채연, 2021).

컴퍼스 프로그램에 근거한 양형 판단의 적법성은 사법 판단의 대상이 되기도 했는데 루미스 대 위스콘신 사건(Loomis v. Wisconsin)이 그것이다.

위스콘신주에 거주하는 에릭 루미스는 총격 사건에 사용된 차를 운전하다가 경찰 단속에 걸린 뒤 계속 도주한 혐의로 기소되었는데, 주 검찰은 루미스의 성폭력 전과 등을 고려한 컴퍼스의 위험 평가를 바탕으로 루미스의 재범 가능성이 크다고 주장했으며 법관은 이를 양형 판단에서 인정해 징역 6년 형을 선고했다. 루미스는 항소하면서 양형 판단의 기초가 된 알고리즘을 확인하고 그에 대해 이의를 제기할 기회가 주어지지 않았고, 해당 알고리즘의 판단 과정과 작동 방식이 공개되지 않았으므로, 양형 판단이 적법 절차 원칙(due process of law)을 위반했다고 주장했다.

2017년 위스콘신주 대법원은 컴퍼스의 위험 평가 결과가 의미 있는 정보를 제공했다는 점을 확인하고, 컴퍼스의 예측 결과가 없었다 할지라도 루미스 스스로 범죄 차량 운전 혐의 등을 인정한 만큼 루미스의 형량이 다르지 않았을 것으로 판단하면서 항소를 기각했다. 특히 주 대법원은 루미스가 컴퍼스 알고리즘을 이해하지는 못했지만, 설문 문항에 직접 응답함으로써 자신이 제공한 정보에 대해 충분히 인지하고 있었으므로 재판의 공정성을 해치지 않았다고 보았다. 나아가 주 대법원은 양형 절차에서 컴퍼스와 같은 AI 프로그램을 활용할 때도 양형에 대한 최종 판단은 법관에게 맡겨져 있으므로 AI 알고리즘의 자동화된 판단에만 근거한 것이라 볼 수 없다고 판시했다. 결국 주 대법원은 컴퍼스의 예측 프로그램에 대한 열람을 거절한 지방 법원의 판결이 타당하다고 판시하면서, 해당 양형 판단이 적법 절차 원칙을 위반했다는 피고인의 주장을 받아들이지 않았다(정채연, 2021; 양승주, 2017).

이러한 주 대법원의 판결은 AI가 내린 판단의 유효성을 미국 법원이 인정한 첫 번째 사례로 평가되기도 한다(서치원, 2018).

위 판결에 대해서는 피고인의 방어권 등 피고인에게 법치 국가 원칙상 보장되어야 할 일련의 권리가 침해될 수 있는 위험성이 있고, 위험 평가 도구가 집단에 기초한 변수와 특성에 바탕을 둠으로써 불공정성을 내포하고 있다는 비판이 있다(정채연, 2021).

미국 연방 대법원장 존 로버츠(John Roberts)도 연방 사법 시스템 전반과 관련된 주요 이슈에 대해 의견을 개진하는 『2023년 연방 사법에 관한 연말 보고서』에서 AI

문제를 언급했는데, 형사 사건에서 도주 위험, 재범률 및 예측을 수반하는 기타 재량적 판단을 평가하는 데 AI를 사용하면서 적법 절차, 신뢰성 및 잠재적 편견에 대한 우려가 제기되고 있다고 지적한 바 있다(Roberts, 2023).

보석, 양형, 약식 절차

우리의 상황을 보면, 먼저 보석의 경우 허가 여부와 보증금 액수를 결정할 때 법정형의 경중, 누범 또는 상습범 해당 여부, 죄증 인멸과 도주 및 그 염려, 주거 불명 여부, 피해자와 증인에 대한 위해 염려 등의 사유(「형사소송법」 95조)를 종합적으로 고려하므로 위험 평가 방식의 AI 기술의 활용 가능성이 크다고 할 수 있다. 이와 관련해 미국에서는 불필요한 재판 전 구금 방지라는 정책적 고려에서 AI 시스템이 도입되고 있다는 점을 주목할 필요가 있다(정채연, 2021).

다음으로 법관의 양형 판단 과정을 보면, 대개 동종 범죄에 대한 양형 기준을 참고하고 당해 사건의 특수한 사정을 고려해 선고형을 확정하게 된다. 그런데 이때 사건에 대한 전반적인 인상과 동종 · 유사 사건의 선례에 기초한 전통적인 경험 요소가 크게 작용한다고 한다. 따라서 법관의 양형 판단이 본질적으로 '감에 의한 양형' 판단에 머무르고 있어 주관적일 수밖에 없는 한계가 지적되었다.

이렇듯 종래 양형 판단에서는 법관의 광범위한 재량 판단이 중요한 역할을 했지만, 이에 대한 객관적 근거를 마련하기 위해 대법원 양형 위원회가 양형 기준을 제공하고 있는 것이며, 이러한 맥락에서 인공지능 시스템을 운영해 볼 수 있다. 양형 위원회의 양형 기준과 더불어 양형 기준의 설정 · 변경 시 원칙과 고려 사항을 규정한 「법원조직법」 제81조의6 제2항 및 제3항, 그리고 법관이 양형 기준을 벗어난 판결을 하는 경우 판결서에 그 이유를 적도록 한 양형 이유(「법원조직법」 제81조의7 제2항) 등을 데이터화하여 분석한다면, 더 체계적으로 정형화된 양형 기준을 정립할 수 있을 것이며 이를 보조적 지침으로 활용해 양형 판단의 객관성, 공정성, 예측 가능성을 높일 수 있을 것이다. 다만 양형 판단의 경우, 응보 이론, 특별 예방 이론, 일반 예방 이론의 형벌론에 기초할 때, 형벌의 목적이 재범 가능성에 대한 위험 평가로 온전히 환원될 수 없다는 점을 전제하면서, 양형 판단 프로그램의 사용 범위와 방식을 설정해야 할 것이다(정채연, 2021).

「형사사법절차전자화촉진법」과 「약식절차에서의전

자문서이용등에관한법률」에 근거하여 전자 시스템을 통해 약식 절차(공판 절차 없이 서면심리만으로 벌금 등을 과하는 간이한 형사 절차)가 진행되고 있는 음주, 무면허 운전 등 「도로교통법」 위반 사건에 대해서는 범죄 관련 데이터가 전자적으로 생성, 보전되어 빅 데이터 수집 기반이 마련되었으므로 AI 도입이 충분히 가능한 영역으로 논의된다(정채연, 2021; 한국인공지능법학회, 2019).

AI에 의한 형사 판결서 작성

형사 판결서는 매우 논리적인 형식으로 작성되는데, 유죄 판결의 경우 형식적 기재 사항, 주문(主文: 판결의 결론), 이유(범죄 사실, 증거의 요지, 법령의 적용, 소송 관계인의 주장에 관한 판단)의 형식으로 구성된다. 만약 AI가 증거 능력, 증명력에 대해 판단할 수 있거나, 법원이 이에 대해 조건을 입력하면, AI가 범죄 사실, 법령의 적용을 정리하는 것은 크게 어렵지 않을 것이다. 범죄 사실이 정리되면 유·무죄 판단을 하고 유죄의 경우 양형은 많은 데이터를 축적한 AI에게 상당 부분 도움을 받을 수 있을 것이다. AI의 재판 업무 활용 초기에는 AI의 역할이 판사를 보조하는 것에 그치겠지만 AI의 인간 언어

등에 대한 인식과 이해가 고도의 수준으로 발전하게 되면 AI의 재판 업무 활용 분야도 더 광범위해지리라 예측한다(한국인공지능법학회, 2019).

AI에 의한 공판 진행

AI가 상용화되고 많은 역할을 하는 시점이 되면 공판 진행에 대한 개념에도 변화가 있으리라 예상된다. 지금은 당사자들이 판사를 설득하는 과정과 이를 공개하고 구술 변론을 진행하는 것이 공판 진행의 큰 범주라면 AI가 상용화된 이후에는 AI가 사건을 이해하는 과정과 그에 관한 오류를 점검하고 이를 당사자에게 설명하는 과정이 공판 진행의 주를 이루고 이를 전체적으로 지휘하는 것이 법원의 주된 업무가 될 수도 있다. 그러므로 AI 기술 발전 정도와 연관되기는 하나 AI에 의한 공판 진행이 반드시 불가능하다고 볼 것은 아니다(한국인공지능법학회, 2019).

정보 보호의 문제

그 외에도, 형사 절차에서 AI 활용은 빅 데이터의 축적을 전제하기도 하고 방대한 데이터의 수집 · 활용을 초래하기도 한다. 형사 절차에서 데이터의 수집 · 활용은 수사,

재판, 형 집행의 모든 단계에서 통합적으로 이루어진다고 할 수 있으며, 이로 인해 개별 단계마다 수집 · 활용되는 데이터가 분명하게 구별되지 않게 됨에 따라 형사 절차에서 보장받아야 하는 권리에 대한 새로운 침해 가능성이 제기될 수 있다. 즉, 데이터 축적 과정에서 개인 정보 등이 유출되거나 원래와는 다른 용도로 사용될 위험성이 존재하고, 이는 단순한 신상 정보나 금융 거래 정보보다 더 다양하고 더 개인적인 신상 정보의 유출을 초래할 수 있다. 따라서 형사 절차에서 데이터의 활용 근거를 제공하고 정보 보호 등의 권리를 보장하는 법적 근거를 갖추는 것이 필수라고 할 수 있다(정채연, 2021; 한국인공지능법학회, 2019).

참고문헌

서치원(2018). 인공지능은 법의 제국의 왕자가 될 수 있는가: 드워킨의 '법의 제국'을 중심으로 분석한 인공지능의 판사 대체 가능성. ≪연세 의료·과학기술과 법≫, 9(2), 1-26쪽.

양승주(2017.5.3). 'AI 판사시대' 성큼…美법원, 인공지능 판단 근거로 중형선고. ≪조선일보≫, https://www.chosun.com/site/data/html_dir/2017/05/03/2017050300143.html

정채연(2021). 『사법절차 및 사법서비스에서 인공지능 기술 도입 및 수용에 관한 정책 연구』. 사법정책연구원.

한국인공지능법학회(2019). 『인공지능과 법』. 박영사.
Roberts, J.(2023). *2023 Year-End Report on the Federal Judiciary.* Supreme Court of the United States, https://www.supremecourt.gov/publicinfo/year-end/2023year-endreport.pdf

08
AI 판사?

AI 활용이 단지 인간 판사를 비롯한 법률가들의 업무를 보조 · 지원하는 데 머무를지 아니면 대체하는 데까지 나아갈지의 문제는 AI가 사법적 의사 결정을 할 능력이나 자격이 있는지, 의사 결정을 하는 것이 바람직한지의 문제에 그치는 것이 아니라 우리 헌법이 상정해 온 사법 제도의 틀과 본질에 관한 근원적인 성찰이 필요한 문제이기도 하다.

AI와 한의학?

논의의 배경 – 사법 불신

한국리서치의 2020년 여론 조사에서, AI 판사 제도를 도입한다고 가정할 때 만약 자신이 재판받는다면 인간 판사와 AI 판사 중 누굴 선택할지 물어본 결과 인간 판사를 선택하겠다는 응답이 39%인 데 비해 AI 판사를 선택하겠다는 의견이 48%에 이르렀다(이관우, 2021). 이런 응답의 이면에는 기존 사법 작용에 대한 깊은 불신이 깔린 것으로 보인다.

실제로 같은 여론 조사에서 '법원의 판결에 대해 얼마나 신뢰하는지' 물어본 결과 '신뢰한다'라는 응답이 29%, '신뢰하지 않는다'는 의견이 66%로 나타나 이를 뒷받침한다.

논의의 전제

그럼 과연 AI는 인간 판사를 대체할 수 있을 것인가? 'AI 판사'라는 것이 과연 가능할 것인가?

헌법과 관련 법률의 개정

인간 판사를 대체하는 AI 판사가 가능한지에 관해서는 AI의 기술력이라는 기술적 측면과 아울러 법 제도적 정비의 측면도 문제 된다. 즉, AI 판사가 현실화하기 위해서는 법관이 자연인, 즉 사람임을 명시하거나 전제 또는 예정하는 헌법과 관련 법률의 규정을 삭제하거나 개정하는 등으로 법제를 정비할 필요가 있다.

대표적으로 ① '양심'에 따라 심판한다는 헌법 규정(제103조: 법관은 헌법과 법률에 의하여 그 양심에 따라 독립하여 심판한다), ② 법관의 신분 보장에 관한 헌법 규정(제106조 제1항: 법관은 탄핵 금고 이상의 형의 선고에 의하지 아니하고는 파면되지 아니하며, 징계 처분에 의하지 아니하고는 정직 · 감봉 기타 불리한 처분을 받지 아니한다), ③ 법관의 종류, 자격, 정년, 임기 등에 대한 「법원조직법」 규정(제42조 제1항은 대법원장과 대법관은 판사 · 검사 · 변호사 등의 직에 있던 45세 이상의 '사람' 중에서 임용한다고 규정하고, 제42조 제2항은 판사는 10년 이상 일정한 직에 있던 '사람' 중에서 임용한다고 규정한다)을 들 수 있다.

약한 AI 상태 전제

AI 판사가 가능한지는 AI의 개념 분류 중의 인공 일반 지능(artificial general intelligence, AGI) 또는 강한 AI (strong AI: 다양한 분야에서 자율적인 방식으로 문제를 특정하고 그 해결책을 찾을 수 있는, 인간 수준의 AI)가 가능할 것인가의 논의와 관련된다(우라옥, 2020). 즉, AI가 인간 판사를 대체할 수 없다고 보는 견해는 대부분 현재 AI의 기술 상황이 약한 AI 상태이고 당분간 강한 AI가 등장할 가능성도 거의 없다고 전제한다.

AI가 인간 판사를 전적으로 대체하는 것은 가까운 시일 내에는 불가능하다는 것이 일반적인 견해인데, 그 논거를 몇 가지 들어 보면 다음과 같다.

- AI 판사가 가능해지려면 통계 분석에 의한 상관관계를 추출하는 것만으로는 부족하고 직법한 사실 인정 및 위 사실관계에 기초한 법적 판단의 타당한 이유(법적 논리)가 제시되어야만 하는데 이는 근시일 내에는 기술적으로 어려울 것이다(한애라, 2019).
- 법적 정당성 또는 규범적 당위성에 기초를 두어야 할 사법 판단의 과정을 계산적 확실성 또는 수학적 합리성으로 대체할 수 없다(정채연, 2021).
- 현재 기술 수준에서 인공지능은 그 구현되는 특성과 방식, 즉 얼마나 판례와 일치하는 판단을 내리는가를 목적 함수로 두고 학습을 할 수밖에 없는 특성과, 기존의 판례와 정면으로 충돌하는 판단을 내리는 것은 기대하기 어려운 구성 방식으로 인해, 선행 판례에 완전히 기속(羈束)될 수밖에 없

고, 이로 인하여 때로는 잘못된 관행을 더욱 공고히 하는 문제를 일으킬 수 있다(서치원, 2017).

- 법적 결정에는 여전히 인간의 판단을 적용해야 하는 사실 판단의 회색 영역이 포함되는 경우가 많다(Roberts, 2023).

- 판단자 또는 결정권자의 역할을 AI에게 맡기는 것 자체가 부당하다는 규범적 문제 제기도 있다. 즉, 판결은 의사 결정인데 AI는 그 의사 결정에 대해 책임을 질 수 없으므로 AI는 의사 결정을 해서는 안 된다는 것이다(하정우 · 한상기, 2023).

이와는 반대로, 미국 연방 순회 항소 법원장을 지낸 랜들 레이더(Randall Rader, 1949~) 조지워싱턴대학교 로스쿨 교수는 2017년, 자신이 30년간 판사 일을 해 본 결과 충분히 AI가 판사를 대체할 수 있을 것이고, 판사보다 더 빠르고 공정한 판단을 내릴 수 있을 것으로 전망하며, AI는 사법 시스템에 대한 인간의 불신을 제거할 것이고 5년이 채 걸리지 않아 법조계의 대다수 일자리를 대체할 수 있을 것으로 예측했다. 그는 "인간인 판사가 사건을 판결하는 데 (정치 · 철학적 측면의) 개인적인 관점을 완전히 배제하기란 쉽지 않다"며 "AI는 이러한 인간의 편향성을 제거해 줄 것"이고 외부 압력, 부패 등에 따른 사법 체계의 불신 역시 사라질 것이라고 설명했다(연규욱, 2017).

AI는 컴퓨터 프로그램에 불과하고, 구체적인 구현 대상은 바둑같이 명쾌한 규칙을 가진 폐쇄적 환경의 문제 해결에 국한되며, 현실 세계의 복잡한 영역의 문제 해결에서 같은 성과를 거둘 가능성은 희박하고, 인간 판사의 대체는 기술적 영역의 문제만으로는 충분치 않으며, 사회적 수용 가능성이나 개발 투자라는 난관도 극복해야 하는데, 현재 상황에서 이러한 가능성은 거의 없다고 보아야 할 것(양종모, 2018)이라는 대체 부정설의 지적은 일면 타당하고 일리가 있다.

그러나 챗GPT 출현 이후 AI 기술의 발전 속도가 예측 불허하게 빨라지면서 상황이 좀 달라진 것이 아닌가 한다. AI의 대부로 불리며 2024년 노벨 물리학상 수상자이기도 한 제프리 힌턴(Geoffrey Hinton, 1947~) 교수는 최근 미국 CBS 방송과 한 인터뷰에서 전에는 인공 일반지능(강한 AI)에 이르기까지 20년에서 50년 정도 걸릴 거로 생각했는데 요즘 추세로 보면 20년 안에 나올 것 같다고 말했다(하정우 · 한상기, 2023). AI 판사 문제는 우리 헌법이 상정해 온 사법 제도의 틀과 본질에 관한 근본적인 성찰을 요하는 문제이기도 하다(김종현, 2024). 그렇다면 이 문제는 '당분간은', '가까운 시간 안에는' 가능성이 없다는 말로 미뤄 두거나 무시할 수 없는 주제라고 생각한다. 머지않은 미래에 이루어질 수도 있다고 생각하고 대비해야 할 것이다.

참고문헌

김종현(2024). 『인공지능 법관 관련 헌법적 쟁점의 검토』. 헌법재판소 헌법재판연구원.

서치원(2018). 인공지능은 법의 제국의 왕자가 될 수 있는가-드워킨의 '법의 제국'을 중심으로 분석한 인공지능의 판사 대체 가능성. ≪연세 의료·과학기술과 법≫, 9(2), 1-26쪽.

양종모(2018). 인공지능에 의한 판사의 대체 가능성 고찰. ≪홍익법학≫, 19(1), 1-29쪽.

연규욱(2017.11.7.) 랜들 레이더 전 美연방항소법원장 "인공지능이 5년내 판사 대체…사법 불신 줄어들 것". ≪매일경제≫, http://news.mk.co.kr/newsRead.php?sc=30000016&year=.2017&no=737834

우라옥(2020). 재판에서의 AI의 활용에 관한 사례 연구: 특히 인지적 오류 극복을 위한 활용방안을 중심으로. 서울대학교 융합과학기술대학원 석사 학위 논문.

이관우(2021.8.19). AI판사, 인간 판사 중 누구를 선택하겠습니까?. ≪한국경제≫, https://www.hankyung.com/it/article/202108193278i

정채연(2021). 『사법절차 및 사법서비스에서 인공지능 기술 도입 및 수용에 관한 정책 연구』. 사법정책연구원.

하정우 · 한상기(2023). 『AI 전쟁: 글로벌 인공지능 시대 한국의 미래』. 한빛비즈.
한애라(2019). 사법시스템과 사법환경에서의 인공지능 이용에 관한 유럽 윤리헌장의 검토 1: 민사사법절차에서의 인공지능 도입 논의와 관련하여. ≪저스티스≫, 172, 38-79쪽.
Roberts, J.(2023). *2023 Year-End Report on the Federal Judiciary*. Supreme Court of the United States, https://www.supremecourt.gov/publicinfo/year-end/2023year-endreport.pdf

09
AI 윤리

사법 분야에서도 AI 활용은 편익만큼이나 부작용의 우려가 크다. 이와 관련하여 2018년 유럽 평의회 산하의 사법 효율을 위한 유럽 위원회가 공식 채택한 'AI 유럽 사법 윤리 헌장'과 최근 통과된 유럽 연합의 AI법이 AI 윤리 원칙, 법 원칙 등을 포괄적 · 망라적으로 규정하고 있어 선례로 참고할 만하다.

AI와 화장품?

AI 기술의 윤리적 문제

AI 기술 활용은 기대되는 편익만큼이나 부작용에 대한 우려도 크다. 이는 사법 분야에서도 마찬가지다. 부작용의 대표적인 예로는 알고리즘 편향을 들 수 있다.

알고리즘 편향이란 AI가 기계 학습을 할 때 사용되는 데이터를 선별하는 과정에서, 또는 알고리즘(AI가 데이터 학습을 할 때 따르는 규칙들의 모음으로서 컴퓨터 언어로 변환되어 프로그램으로 만들어진다)을 만들 때, 불공정한 기준, 예를 들어 특정 인종이나 성에 대한 선호 내지 편견이 개입하는 현상을 말한다(한국인공지능법학회, 2019). 이러한 개입 가능성은 기존에도 있었지만, 현재 널리 쓰이는 딥 러닝 알고리즘의 경우 편향의 차원이 다르게 된다. 딥 러닝 알고리즘에는 최소한의 제한 규칙만 주어지고 나머지는 AI가 스스로 학습한 결과이므로 일정한 입력-출력의 법칙이 없다. 이러한 특성 때문에 AI 설계자도 어떻게 그런 최종 판단이 나왔는지 알기 어렵게 되는데 이런 의미에서 AI의 학습 과정 내부를 블랙박스(black box)라고 한다(한국인공지능법학회, 2019). 이렇듯 AI의 알고리즘을 설명할 수 없다면 이의 제기 자체가 불가능해지고 결국 AI 자체를 거부하는 추세로 이어질 수도 있다.

미국 휴스턴주에서는 학생들의 시험 점수와 주 평균을 비교하는 등의 방법으로 교사들의 수업 성취도를 평가하는 'EVAAS 프로그램'을 사용했다. 2017년경 교사들이 평가 기준에 대해 문의하자, 이 시스템을 만든 'SAS 인스티튜트(SAS Institute)'사는 알고리즘 공개를 거부했다. 이에 교사들이 제기한 소송에서 미국 연방 법원은 위 프로그램은 시민권을 침해할 수 있다고 판결했고 결국 위 프로그램은 사용이 중단되었다(이숙연, 2023).

알고리즘 편향의 유형으로는 학습 대상인 데이터 자체가 편향된 경우와 불공정한 기준으로 알고리즘이 만들어진 경우가 있다.

그 외에도 여러 가지 이유로 온라인에 대한 접근이 제한되어 AI의 학습 대상인 데이터를 생성하지 못하는 데이터 소수자 문제, AI 알고리즘은 기업의 영업 비밀에 해당할 경우가 많을 것이고 기업이 영업 비밀이라는 이유로 공개를 거부할 가능성이 클 것이므로 여기에서 오는 불투명성의 문제 등이 있다(이숙연, 2023).

그런데 AI가 발전할수록 투명성을 확보하기 어려울 수 있다. AI의 의사 결정이 더 신속하고 정확해질수록 AI 내부 메커니즘은 더 알기 어렵고 위험이 많아진다. 반대로 AI 내부의 투명성을 확보하려고 할수록 AI의 발전은

더뎌지게 된다. 이 딜레마는 '설명 가능 AI'로 해결을 시도하고 있다. 즉, 딥 러닝 알고리즘을 만들 때 AI 학습 시 절차에 대해서도 설명하도록 새로운 기계 학습 모형을 만드는 것이다(한국인공지능법학회, 2019).

기존 과학 기술 윤리와의 차이점

기존 과학 기술에서는 윤리적 문제가 주로 그 사용과 관련되었으나 AI 기술은 설계와 제작 단계를 비롯한 모든 과정에서 문제 된다. 그러므로 법원이 AI 기술을 도입할 경우 AI 사법 시스템 구축 초기 단계부터 AI 활용 윤리 원칙을 수립할 필요가 있고 수립된 윤리 원칙에 따라 시스템이 개발 · 이용되어야 할 것이다(서울대학교 산학협력단, 2020; 한국인공지능법학회, 2019).

또 AI는 윤리적 문제가 해결되어야 기술 개발과 사업 소득이 가능한 구조로 되어 있다. 대표적 예가 무인 자동차다. 무인 자동차는 특정 교통 상황에 관한 윤리적 문제가 해결되어야 최종 단계인 완전한 자율 주행차로 완성될 수 있을 것이다(한국인공지능법학회, 2019; 최경진 편, 2024).

그리고 AI는 전기 신호의 작동을 통해 뇌 기능에 직접 개입함으로써 자아 정체성과 같은 철학적 문제를 만들어 내기도 한다. 이 경우 AI를 통한 전기 신호의 전달에 따라 인지 기능이 변화하므로 AI의 전기 신호가 몸의 일부인지, 정신 기능의 일부인지, 전기 신호로 연결되어 있는 AI가 자아의 일부인지 등이 문제 된다(한국인공지능법학회, 2019).

윤리 원칙

윤리 원칙 수립과 관련하여 선례로서 참고할 만하여 향후 법 제도 정비에 시사점을 주는 것이 사법 분야에 특화된 AI 윤리 규정으로서 망라적이라고 평가받는 "사법 시스템과 사법 환경에서의 AI 이용에 관한 유럽 윤리 헌장(European Ethical Charter on the Use of Artificial Intelligence in Judicial Systems and Their Environment, 보통 'AI 유럽 사법 윤리 헌장'으로 약칭)"이다. 위 윤리 헌장은 대륙법 전통을 따르는 다수 유럽 국가의 법 제도와 실정을 고려한 것이다.

AI 유럽 사법 윤리 헌장

위 윤리 헌장은 유럽 47개국을 회원국으로 하는 국제 인권 기구인 유럽 평의회(Council of Europe)의 산하에 있는 '사법 효율을 위한 유럽 위원회(European Commission for the Efficiency of Justice)'가 2018년 12월 3일 공식 채택했다.

위 윤리 헌장은 AI 기술을 관리 · 통제할 수 있게 하기 위한 5대 윤리 원칙을 채택했는데 그 주요 내용은 다음과 같다.

① 기본권 존중의 원칙(AI 도구나 서비스가 기본권과 양립 가능해야 한다). AI 도구가 분쟁 해결 또는 사법부의 심판 과정에 조력하기 위하여 이용될 경우, 이로 인하여 법관에 대한 접근권과 공정한 재판을 받을 권리의 보장이 저해되지 않도록 하는 것이 필수 불가결하다. 이에 따라 '윤리적인 설계', '인권 보장적인 설계'의 접근 방법이 우선되어야 한다.

② 차별 금지의 원칙(개인 간 · 집단 간 차별이 창출 · 강화되지 못하도록 특별히 예방하여야 한다). 위와 같은 프로세싱 수단은 개인들 혹은 집단들 간에 관련된 데이터를 분류하거나 구분함으로써 기존의 차별을 드러낼 수 있으므로, 공적 또는 사적 이해관계인들은 위 수단이 그러한 차별을 재창출하거나 악화하지 않고, 결정론적인 분석 또는 이용으로 이어지지 않음을 분명히 하여야 한다. 프로세싱이 '민감한' 데이터와 직간접적으로 관련

되어 있을 경우 개발 및 적용 단계 양쪽에서 특별한 주의를 기울여야 한다. 이는 소위 인종적 또는 민족적 출신, 사회 경제적 배경, 정치적 견해, 종교적 또는 철학적 신념, 노동조합 가입 여부, 유전 데이터, 생물학적 데이터, 건강 관련 데이터, 성생활 또는 성적 지향 관련 데이터를 포함한다.

③ 품질과 보안 원칙(사법적 결정 및 데이터 처리와 관련하여 안전한 기술적 환경에서 인증된 출처의 데이터를 학제 간 연구를 통하여 정련된 모델에 따라 사용하도록 요청한다). 머신 러닝 모델의 설계자들은 관련 사법 시스템 전문가(법관, 검사, 변호사 등) 및 법학과 사회과학 영역 연구자 · 학자(예를 들어 경제학자, 사회학자, 철학자)의 전문 지식을 광범위하게 참조해야 한다. 기능적 모델을 수립하기 위한 단기 설계 사이클에서 혼합적인 프로젝트 팀을 형성하는 것은 이러한 학제 간 접근을 현실화하는 구조적인 방법이다. 사법적 결정에 기초한 데이터가 머신 러닝 알고리즘을 채택한 소프트웨어에 입력되는 경우 위 데이터는 검증된 소스로부터 제공되어야 하며 학습 메커니즘에 의하여 실제로 이용되기 전까지 수정되어서는 안 된다. 이에 따라 전체 처리 과정은 추적 가능해야 하며 이를 통하여 프로세싱되는 결정의

내용이나 의미에 수정이 가해지지 않았음을 명확히 하여야 한다.

④ 투명성, 불편부당성, 공정성의 원칙(데이터 처리 방법을 접근과 이해가 가능하도록 만들며, 외부 감사를 허용한다). 프로세싱 수단에 대한 지식 재산권과 투명성(실제 프로세스에 대한 접근), 불편부당성(편견의 배제), 공정함과 지적 온전성(정의의 요구를 우선하는 것) 간의 균형이 이루어져야 한다. 이러한 기준은 전체 설계 및 운영 체인에 적용되어야 한다.

⑤ 이용자에 의한 통제 원칙(이용자가 관련 내용을 숙지하고 자신의 선택을 통제할 수 있도록 보장한다). 사법 시스템의 전문가들은 어떠한 경우라도 사법적 결정과 그 결정을 내리기 위해 이용한 데이터를 검토할 수 있어야 하며, 당해 특정 사건의 특정한 성격에 입각하여 판단해야 하고 AI에 구속되어서는 안 된다. 이용자는 AI 도구가 제공한 결론이 구속력이 있는지, 다른 선택지가 가능한지, 법적 조언을 받을 권리와 법원에 대한 접근권을 가지는지에 관한 정보를 명확하고 이해 가능한 용어로 제공받아야 한다(한애라, 2019; 정채연, 2021).

EU AI법

한편 세계 최초로 AI를 포괄적으로 규제하는 법률로 평가되는 유럽 연합(EU)의 AI 규제법(AI법)이 EU 의회 의결과 EU 27개국으로 구성된 교통 · 통신 · 에너지 이사회의 최종 승인을 거쳐 2024년 8월 정식 발효했다. 일부 규정은 발효 뒤 6개월부터 단계적으로 시행되고 전면 시행은 2026년 8월 이후부터다.

AI 법은 회원국들의 개별 입법을 요하지 않고 바로 회원국 내에서 효력을 발생하게 되는데, AI법이 시행됨에 따라 2016년의 GDPR(general data protection regulation, EU의 개인 정보 보호 규정)과 더불어 EU가 데이터와 알고리즘 모두에 대해 '규제 선발 주자'로서 글로벌 경제의 규제 방향에 대해 상당한 영향을 미칠 것으로 예상된다(이숙연, 2023).

이 법은 AI 활용 위험도를 크게 수인 불가(금지) 위험, 고위험, 제한된 위험, 최소 위험 등급의 네 단계로 나눠 위험도가 높을수록 더 엄격한 규제를 적용한다.

먼저 개인의 특성 · 행동과 관련된 데이터로 개별 점수를 매기는 관행인 사회적 평점(social scoring), 의사결정을 왜곡하거나 특정 집단의 취약성을 활용하는 관행 등 인간의 기본적 권리에 대한 중대한 침해가 우려되는 여덟 가지 영역의 AI 기술 활용은 EU 역내에서 원천 금지된다.

또한 AI 법은 고위험 AI 기술에 대해 중점적으로 규율하고 있다. 고위험 AI 기술은 건강, 안전, 기본적 권리에 중대한 위험성을 초래할 수 있는 것으로서, AI법은 생체 인식, 중요 기반 시설, 교육과 직업 훈련, 근로자 관리와 자영업에 대한 접근, 필수 민간 · 공공 서비스 혜택 접근과 향유, 법 집행, 이주 · 망명과 국경 통제 관리, 사법과 민주적 절차 관리에 활용되는 AI 기술을 고위험 등급으로 분류하고 있다. 고위험 등급으로 분류되면 시장 출시 전 영향 평가, 시장 출시 후 모니터링 · 감독 · 위험 관리 의무 등의 엄격한 의무가 부과된다.

종래 학계의 논의와 국내외 제도 동향을 살펴보면, AI 판사 또는 그러한 수준에 미치지 못하더라도 사법 분야에서 활용되는 AI 기술은 재판이 기본권과 전체 법질서에 미치는 중대한 영향을 고려할 때, 고위험 등급으로 분류해야 한다는 견해가 유력했는데(김종현, 2024), 이 견해대로 사법 분야에 활용되는 AI 기술이 고위험 등급에 포함되었다.

또 AI법은 이해 관계자를 7개 유형(제공자, 배포자, 공인 대리인, 수입업자, 유통업자, 제조업자, 공급자)으로 구체화하여 각각에 필요한 의무와 책임을 지우도록 이해 관계자 유형별 의무 사항을 규정하고 있다.

챗GPT 같은 파운데이션 모델(foundation model: 언어뿐만 아니라 오디오, 이미지, 비디오 등 다양한 매체에 적용 가능한 기반 모델)에 대한 규정도 추가되었다. 파운데이션 모델 개발자는 콘텐츠를 AI가 생성했음을 사용자가 알 수 있도록 조치해야 한다. 또 불법 콘텐츠를 생성하지 않도록 모델을 설계하고, 학습에 사용한 저작권 있는 데이터의 요약 사항을 게시하는 등의 투명성 요건을 지켜야 한다. 그리고 모델 공개 전에 안전 점검, 데이터 거버넌스 조치, 위험 완화 조치를 해야 하며 학습 데이터의 저작권법 위반 여부도 스스로 확인해야 한다.

범용(일반) AI(강한 AI, 다양한 분야에서 자율적인 방식으로 문제를 특정하고 그 해결책을 찾을 수 있는, 인간 수준의 AI)를 개발하는 기업에는 기본적인 '투명성 의무'가 적용되어 AI 학습 과정에 사용된 콘텐츠를 명시해야 한다.

위반 사항 적발 시 최대 전 세계 매출액의 7%를 과징금으로 부과할 수 있다(박태웅, 2024; 정빛나, 2024; 법제소식, 2024).

AI법은 2021년 초안이 발의된 이후 이듬해 챗GPT 등

생성형 AI 등장으로 부작용 발생에 대한 우려가 확산하면서 입법에 속도가 붙었다. 포괄적 성격의 AI 규제법으로는 세계 최초로서 향후 다른 나라의 AI 규제 모델 구축에도 영향을 줄 것이라는 관측이 많으나, 챗GPT 등 최근 AI 시스템의 발전에 가려 최초의 기대감이 다소 가라앉았다는 지적도 있다(이숙연, 2023).

참고문헌

김종현(2024). 『인공지능 법관 관련 헌법적 쟁점의 검토』. 헌법재판소 헌법재판연구원.

법제소식(2024.7). 인공지능(AI) 관련 국내외 법제 동향. 법제처.

서울대학교 산학협력단(2020). 『사법부에서의 인공지능(AI) 활용방안』. 법원행정처.

이숙연(2023). 인공지능 관련 규범 수립의 국내외 현황과 과제. ≪법조≫, 72(1), 442-488쪽.

정빛나(2024.8.1). '세계 최초' EU AI규제법 오늘 발효…전면 시행은 2년 뒤". ≪연합뉴스≫, https://www.yna.co.kr/view/AKR20240801174900098

정채연(2021). 『사법절차 및 사법서비스에서 인공지능 기술 도입 및 수용에 관한 정책 연구』. 사법정책연구원.

최경진 편(2024). 『인공지능법』. 박영사.

한국인공지능법학회(2019). 『인공지능과 법』. 박영사.

한애라(2019). 사법시스템과 사법환경에서의 인공지능 이용에 관한 유럽 윤리헌장의 검토 1: 민사사법절차에서의 인공지능 도입 논의와 관련하여. ≪저스티스≫, 172, 38-79쪽.

10
AI가 아니라 인간이 문제

AI에 대한 맹목적 낙관, 극단적 배척, 막연한 두려움을 넘어 미래의 사법 분야에서 인간과 AI가 '대체'가 아닌 공존하고 협업하는 길을 지금부터 모색해야 한다. 한편, AI로 인한 현재의 사법 변화가 올바른 방향으로 가고 있는가는 그로 인해 국민의 사법 접근권이 확대 · 제고되고 있는지를 다른 무엇보다도 우선적인 척도로 삼아야 하지 않을까.

종교와 AI?

대체의 문제?

2024년 초, 매달 발행되는 ≪서울지방변호사회보≫ 기사를 읽다가 흥미로운 대목을 발견했다. 국내 대형 로펌의 변호사가 미국 대형 로펌의 AI 담당 변호사와 대화하다가 "미래에는 AI가 변호사를 대체하는 것 아닌가?"라고 물었다고 한다. 그런데 그 미국 변호사가 "아니다. AI로 무장한 변호사들이 그렇지 않은 변호사들을 대체할 것이다"라고 답했다는 것이다(황상현, 2024).

그때 처음 느낀 것은 묘한 안도감이었고, 다음은 '이거 어디서 많이 보던 건데' 하는 씁쓸한 기시감(旣視感)이었다. 'AI, AI 아무리 떠들어 봐도 과연 해 아래 새것이 없구나, AI 문제도 결국 인류 역사에 새로운 과학 기술이 도래할 때마다 인류가 겪었던 것과 별반 다를 게 없지 않은가' 하는 생각이 들었다(우재욱, 2024).

그런데 알고 보니 위 미국 변호사의 생각은 그만의 특별한 것은 아니었다. 비슷한 생각을 하는 사람이 많았다. 예를 들면 2023년 초 AI 연구자인 산티아고 발다라마가 트위터(현 X)에 올린 글 "AI가 당신을 대체하지는 않을 것이다. AI를 사용하는 사람이 당신을 대체할 것이다"(하정우 · 한상기, 2023)도 같은 표현이다.

이 미국 변호사의 말은 그 뒤로 AI에 대해 생각할 때마다 나를 따라다녔다. 알고 보니 AI와 관련하여 가장 많이 언급되는 단어가 '대체'라고 한다(윤송이 외, 2022). 실제로 대체하는 일이 없을 수는 없겠으나, 정말 AI 문제의 본질이 AI를 매개로 한 인간과 그렇지 않은 인간 사이의 경쟁과 대체의 문제일 뿐이라면, AI에 의한 인류 멸절의 가능성을 따져 볼 필요도 없이, AI가 매개하는 미래의 세계는 그 자체로 디스토피아일 수 있다는 생각이 끊이지 않았다.

그러던 중 파스칼의 『팡세』를 읽다가 한 문장에 딱 부닥쳤다. '사법권은 재판하는 사람이 아니라 재판받는 사람을 위해 주어진 것이다.' 400년이 다 되어 가는 과거의 글을 현재에 끌어와서 법리적 당부를 논하는 소재로 쓸 수는 없겠지만, 그 말하려 하는 바는 지극히 선명해 보였다. 대한민국 헌법은 사법권이 법관으로 구성된 법원에 속한다고 못 박아 놓고 있다(제101조 1항). 파스칼의 위 글은 법원에 속한 사법권이 과연 누구를 위하여 있는가 묻는다. 국민을 위한 사법권인가?, 사법부를 위한 사법권인가? 이 질문은 AI로 인한 사법 변화를 고찰하는 과정에서도 놓치지 않아야 할 물음 같다.

AI로 인한 사법 변화의 정당성 근거: 사법 접근권

이와 관련해서 사법 접근성 또는 사법 접근권(access to justice)이라는 개념이 새롭게 다가왔다. 사법 접근권은 사법에 AI 기술을 활용하는 것과 관련하여 자주 언급되는 개념이고 사법의 AI 활용을 정당화하는 정당성의 논거 중 가장 중심 되는 개념이다. 사법의 AI 활용에 따른 긍정적 효과로 사법 접근권의 확대, 제고가 첫손가락으로 꼽히곤 한다. 따라서 AI로 인한 사법 변화의 방향, 정당성, 본질도 국민의 사법 접근권 확대, 제고에서 찾아야 할 것이 아닌가 한다. AI로 인한 사법 변화가 올바른 방향으로 가고 있는가는 그로 인하여 국민의 사법 접근권이 확대 · 제고되고 있는지를 다른 무엇보다도 가장 우선적인 척도로 삼아야 하지 않을까 한다.

인간지능이 더 중요하다

리처드 서스킨드(Richard Susskind)는 현재 AI가 법률에 미칠 영향에 대해 열성적인 지지자와 전문가가 제기하는 대부분의 주장은 단기적인 영향을 크게 과장하고 있고, 장기적 영향에 대한 대부분의 주장은 AI가 법률 서비스에 미칠 영향을 과소평가하고 있다고 말한다. 또 AI가

향후 수년 내에 법률가의 업무를 크게 변화시키지는 않겠지만 2030년이 되면 확실히 그럴 것이고 2020년대는 AI가 법률 분야에서 자리를 잡는 10년이 될 것이라고 예상한다(Susskind, 2023). 우리 법조계의 상황도 얼추 이에 부합하지 않나 한다.

AI의 장점과 위협 사이에서 균형을 잡는 것이 무엇보다 중요함을 상기하면서, '창조의 아이콘, 디지로그의 주창자'답게 말년까지 AI 문제와 씨름했던 고 이어령 교수의 조언을 인용해 본다.

> 인공지능에는 그것을 길러낸 곳의 문화까지 배어 있다. 그러니 인공지능이 인간지능을 초월하느냐 아니냐 이전에, 인공지능이라 해도 현실과 동떨어질 수 없다는 게다. 인공지능보다 그것을 사용하는 인간지능이 더 중요하다는 거다(이어령, 2022).

AI가 급속도로 우리 현실로 침투하고 있는 이때, 어쩌면 우리가 진정 두려워하고 경계해야 할 것은 미래의 고도로 발달한 AI가 아니라 현재도 우리 마음속에 깊이 박혀 있는 끝 간 데 없는 탐욕이 아닌가 싶다(우재욱, 2024).

참고문헌

우재욱(2024.2.4). 두려워할 건 AI가 아니라 우리의 탐욕. ≪한국일보≫, https://www.hankookilbo.com/News/Read/A2024020214230003112

윤송이 외(2022). 『가장 인간적인 미래』. 웨일북.

이어령(2022). 『너 어떻게 살래: 인공지능에 그리는 인간의 무늬』. 파람북.

하정우 · 한상기(2023). 『AI 전쟁: 글로벌 인공지능 시대 한국의 미래』. 한빛비즈.

황상현(2024.1.2). "조급한 마음 버리고 한 분야에 정통한 전문가 돼야". ≪서울지방변호사회보≫, 634호.

Blaise Pascal(1670). Pensées. 현미애 옮김(2013). 『팡세』. 을유문화사.

Susskind, R. E.(2023). *Tomorrow's lawyers*. Oxford University Press(3rd edn).

우재욱

변호사. 서울대학교 법과대학을 졸업하고 사법연수원을 34기로 수료했다. 그 뒤 지금까지 20년 가까이 서울 서초동에서 개업송무변호사로 일하면서 대한변협 장애인인권소위원회, 난민 지원단체 '공익법센터 어필' 등에서 활동했다. 업무 틈틈이 책 읽고 글쓰기를 좋아한다. 과학기술과 법, 기독교와 법, 장애인법, 가족법, 국제법에 관심이 있다. 논문으로는 "교회 분쟁 사례에 대한 법적 검토: 판례의 태도를 중심으로"(2018, ≪외법논집≫ 42권 2호)가 있다.